# O SUDESTE DO BRASIL EM MEIO À CRISE HÍDRICA DE 2013 A 2015

Antigos reservatórios, hoje desativados, do Sistema do Cantareira nos arredores da cidade de São Paulo nos anos de 1880.

**Vicente Contador**

CreateSpace Independent Publisher, 2017

Copyright © 2017 – Vicente Contador

Capa: foto de Austero Penteado do Rio Atibaia, no atual Distrito de Sousas, em Campinas no limiar do século XX..

Revisão: Vicente Contador e Marcia Oppermann Contador

Pesquisa, seleção e composição iconográfica: Vicente Contador - Doutor em História Econômica pela Faculdade de Filosofia, Letras e Ciências Humanas (FFLCH) da Universidade de São Paulo (USP) – São Paulo- Brasil

Editora: CreateSpace Independent Publishing Platform, 2017

Member ID 2856841



**Dados Internacionais de Catalogação na Publicação (CIP)**

Contador, Vicente

O Sudeste do Brasil em meio à crise hídrica de 2013 a 2015 / Vicente Contador

Pesquisa, seleção e composição iconográfica: Vicente Contador - Doutor em História Econômica pela Faculdade de Filosofia, Letras e Ciências Humanas (FFLCH) da Universidade de São Paulo (USP) – São Paulo- Brasil

Seleção da ilustração da capa: Vicente Contador, com base em projeto do createspace.com

Editora: CreateSpace Independent Publishing Platform, 2017

ISBN-13: 9781978131149 (CreateSpace-Assigned)

ISBN-10: 1978131143

1. Estiagem  2. Meio Ambiente – 3. Crise Hídrica – 4. Saneamento Básico. 1. Título e subtítulo.

# SUMÁRIO

Rio Atibaia, no Distrito de Sousas da cidade de Campinas-SP, no limiar do século XX. Foto de Austero Penteado. Acervo do Museu da Imagem e do Som (MIS) de Campinas. De 1932 até o final de 2017, este curso de água tem sido o principal manancial de água bruta destinado ao abastecimento de 95% de água tratada e canalizada aos domicílios campineiros. Foto de Austero Penteado. Acervo do Museu da Imagem e do Som (MIS) de Campinas.

# APRESENTAÇÃO

Esta obra escrita é resultado das pesquisas que eu realizei em sites, em jornais e revistas impressas e com entrevistas com técnicos da área de saneamento básico da Sociedade de Abastecimento de Água e Saneamento (SANASA) de Campinas, durante o ano de 2016 e parte do de 2017, quando eu ainda trabalhava nesta empresa.

Embora a redação que eu tenha deixado para coordenadores, gerentes e diretores de diversos setores e unidades da SANASA esteja repleto de fotografias, as quais foram selecionadas e diagramadas por mim, eu decidi retirá-las para a publicação do texto independente aqui em pauta.

Vicente Contador

Campinas, 09 de outubro de 2017

# A REGIÃO SUDESTE DO BRASIL EM MEIO À CRISE HÍDRICA DE 2013 A 2015

## Caracterização:

A crise hídrica de 2013 a 2015 foi a mais duradoura e acentuada pela qual passou o Sudeste do Brasil nos últimos 128 anos. Provocada por um intenso clima seco e quente fora de época, persistente nestes três anos, especialmente nas regiões metropolitanas de São Paulo, Campinas e Sorocaba, já escassas em recursos hídricos desde 2001, ela desembocou na aridez e na degradação dos mananciais superficiais de água bruta e, logo, na restrição e até interrupção da captação e do fornecimento de água tratada e canalizada aos seus domicílios. Deste modo, esta crise hídrica, cuja intensidade e permanência eram imprevisíveis, pode ser tida como a pior de toda a história do Sudeste brasileiro, com ênfase no Estado de São Paulo.

## Causas climáticas

"A gente vive no Brasil com uma falsa ideia de abundância de água".

Malu Ribeiro, Coordenadora da Rede das Águas da *Fundação SOS Mata Atlântica* in g1.globo.com-São Paulo, 30/03/2015.

A crise hídrica que assolou a região Sudeste do Brasil de 2013 a 2015 caracterizou-se pelo aumento constante da temperatura e, concomitantemente, a queda contínua e prolongada de 50% a 80% na ocorrência de chuvas ante as médias históricas registradas desde 1941, ano em que os postos de observação pluviométricas do Estado de São Paulo passaram a colher dados sobre as chuvas de modo sistemático, em maior número e com maior homogeneidade e precisão.

Já em 2012, a carga de chuvas na Grande São Paulo e nas regiões metropolitanas de Sorocaba e de Campinas havia ficado drasticamente abaixo do normal. Se, até então, a média histórica costumava ser de 1433*mm* ao ano, em 2012 não choveu mais do que 1270*mm*. Destarte, os níveis de reservação do Sistema Cantareira, o principal conjunto de reservatórios superficiais de água bruta das regiões metropolitanas de São Paulo e de Campinas, não iam além de 69% de sua capacidade. Em Campinas, segundo registros do Centro de Pesquisas Meteorológicas e Climáticas Aplicadas à Agricultura (*Cepagri*) da Unicamp, até 20 de novembro o volume de chuvas estava em 1.080,4*mm*, 24,63% menor do que a sua média histórica.

Há várias explicações para este anômalo cenário climático de alta temperatura com baixa pluviosidade e extensa estiagem que acometeu o Sudoeste do Brasil a partir de 2012, tendo se agravado entre 2013 e 2015 pelo fato de encetar uma penosa crise hídrica.

Antes de tudo, muitos o classificaram como um fenômeno climático "absolutamente imprevisível", "excepcional", "atípico", "incomum" e "aterrador". Outros decidem defini-lo como um fenômeno cíclico intrínseco ao movimento natural do planeta e, portanto, repetível a cada seis, dez, vinte, trinta anos ou mais, sem que haja, porém, exatidão no quando se repetirá e no quanto tempo durará.

Alguns meteorologistas e climatologistas consideram que a causa desta insólita elevação da temperatura *pari passu* a um atípico clima seco intenso e prolongado no Estado de São Paulo de 2012 a 2015, mesmo durante a Primavera e o Verão, estava na formação de *zonas de alta pressão* que, ao demorar-se sobre a região, formou o chamado bloqueio atmosférico, mudando a direção dos ventos e impedindo a chegada de massas de ar úmidas, semeadoras de chuvas, provenientes tanto da região Norte quanto da região Sul do Brasil.

Um novo enfoque subsidiário a este primeiro sustenta que as bandas de nuvens chuvosas, inerentes à Zona de Convergência do Atlântico Sul (ZCAS), que passam pela Amazônia e costumam ou costumavam trazer chuvas para o Sudeste brasileiro durante a Primavera e o Verão, teriam se deslocado para as regiões do Tocantins e da Bahia desde dezembro de 2013.

Outro grupo de meteorologistas e climatologistas dizia que o fenômeno climático em pauta não poderia ser desvendado apenas com o fator da pouca quantidade de chuvas causadas pelas *zonas de alta pressão*, pois argumentavam que o Brasil estaria sob a influência de um ciclo climático denominado *Oscilação Decadal do Pacífico* (ODP), cuja duração média é de vinte a trinta anos, diferente dos famigerados *El Niño* ou *La Niña* que costumam durar de um a três anos. Aliás, o *El Niño*, um fenômeno climático diretamente responsável pelo aumento exagerado da temperatura das águas equatoriais do Oceano Pacífico, que, por conseguinte, provoca a elevação da temperatura e a ocorrência de intensas estiagens nas áreas continentais do mundo e no Brasil, é muito circunstancial, oscilante, portanto difícil de prever com exatidão os seus padrões de oscilação. Estamos, assim, ainda sem saber com precisão quando, por quanto tempo e em qual intensidade ocorrerá o próximo *El Niño*. Daí a importância de se fortalecer os estudos de hidrometereologia para se conhecer melhor a sua configuração, para estarmos mais bem preparados quando ele ocorrer, como aconselhou, em outubro de 2014, Jeremiah Lengoasa, Secretário Geral-Adjunto da Organização Mundial de Meteorologia.

Portanto, para um dos defensores desta tese, o geólogo e Pós-Doutor em Gestão de Recursos Hídricos, Pedro Luiz Côrtes, a temporada de intensa estiagem que vinha sendo constatada no Sudeste brasileiro desde 2012 era mesmo um fenômeno de longa duração, podendo prolongar-se ao menos até 2025. Ainda sob esta ótica, no paroxismo da crise hídrica de 2013-2015, Côrtes previa que o Sistema Cantareira levaria oito anos para atingir um índice de reservação seguro, de 38%.

Mais um especialista brasileiro em recursos hídricos e ambientais que aborda a crise climática em pauta por este prisma cíclico, só que desta vez diretamente ligado aos ciclos solares, o Doutor em Engenharia Hidráulica e professor da Faculdade de Engenharia Civil da Unicamp, Antônio Carlos Zuffo, reconhece que, desde 2004, o Sudeste do Brasil estava numa fase de declínio contínuo das precipitações chuvosas, declínio este que manter-se-ia por mais três décadas. De fato, centros de pesquisa internacionais que estudam o clima espacial como a *National Aeronautics and Space Administration* (NASA) e a *European Space Agency* (ESA), constataram que desde o final de 2012 as atividades do Sol vinham aumentando até o ponto de atingir, em 2013, no seu atual Ciclo Solar (o

24°), o chamado Máximo Solar. Portanto, tal ciclo da atividade solar elevava ao máximo suas atividades eletromagnéticas, gerando assim ventos solares e explosões de Raios X e Gama de modo intenso, contínuo e em fases prolongadas, com efeitos na magnetosfera da Terra, aquecendo a sua alta atmosfera e interferindo no seu campo magnético.

Existem, ainda, os que atribuem a esta condição de forte calor acompanhado de escassez de chuvas, verificados consecutivamente na região Sudoeste nos anos de 2013 a 2015, como sendo consequências indiretas do aumento do desmatamento da Floresta Amazônica, da intensificação da queima de combustíveis fósseis e emissões anuais de Dióxido de Carbono (CO2) nos médios e grandes centros urbanos do Brasil, acrescidos da ampliação das emissões dos gases de efeito estufa e do aquecimento global. O notável físico brasileiro, José Goldemberg, é um dos que defendem a tese de que o aquecimento global é um fator de primeira grandeza para a ocorrência de estiagens prolongadas e fora de época na região Sudeste do Brasil, sendo, portanto, de caráter antropogênico, vale dizer, é mormente provocado pelas ações do homem no meio ambiente com o agravamento da emissão de gases de efeito estufa derivados do uso massivo de combustíveis fósseis. Aliás, conforme a Organização Meteorológica Mundial (OMM), não teria sido só o Sudeste do Brasil que sofrera com essas mudanças climáticas no período histórico em pauta, mas o mundo todo, pois em todas as regiões do globo terrestre constatou-se aumento recorde das temperaturas médias das superfícies da terra e dos oceanos, notoriamente de janeiro a outubro de 2014, sem que tivesse havido o *El Niño*. Pesquisas do *Cepagri-Unicamp* sustentam esta explicação, pois que seus experts têm observado, nos últimos setenta anos, um aumento de 1,5°C na temperatura média de regiões interioranas do Estado de São Paulo.

Há, porém, quem diga que não existe comprovação científica de relacionar diretamente o desmatamento com o aquecimento global e este com a extrema e inabitual estiagem de 2013-2015 no Sudeste do Brasil, tal como assegura Carlos Afonso Nobre, engenheiro do Instituto Tecnológico de Aeronáutica (ITA) e doutor em Meteorologia pela *Massachusetts Institute of Technology*. Mas, segundo o cientista Antônio Donato Nobre, graduado em Agronomia, mestre em Biologia, doutor em Bioquímica e pesquisador do Instituto Nacional de Pesquisas Espaciais (INPE), o vasto e incessante desmatamento da Floresta Amazônica nas últimas três décadas tem sim relação com a redução no volume de chuvas no Sudeste do Brasil, o qual poderá tornar-se um deserto caso estas derrubadas prossigam na mesma amplitude e velocidade.

Por fim, um estudo, por extrapolação estatística, realizado pelo Centro Tecnológico de Hidráulica e Recursos Hídricos de São Paulo, conduzido pelo engenheiro Paulo Takashi Nakayama e divulgado na primeira metade do mês de maio de 2014, alegava que a intensa estiagem que se prolongava no Estado de São Paulo desde 2013 era a mais grave de toda a sua história, um fenômeno que ocorre a cada 3.378 anos e que, portanto, não se repetiria nos anos iminentes.

## Causas socioeconômicas e socioambientais

"A gente poupar água é importante, mas muito mais é não jogar sujeira nos rios. Isso impacta muito mais o nível dos rios.

Gerardo Mendes Melo. Presidente do Centro de Tradições Nordestinas de Campinas in *Correio Popular*, 29/11/2014.

Além dos fatores climáticos mais generalizados abordados anteriormente, é evidente que a origem do problema da crise hídrica vivenciada pelas populações da região Sudeste do Brasil, de 2013 a 2015, estão nas diferentes formas de intervenção do homem nos limites de seu meio ambiente, as quais têm provocado alterações nos seus ecossistemas terrestre e aquático, envolvendo os recursos hídricos utilizados para a subsistência e a reprodução humana, material e cultural, principalmente em núcleos populacionais do Estado de São Paulo, assaz industrializados, densamente habitados e em crescimento desenfreado.

Como o foco de nossa abordagem é a crise hídrica de 2013 a 2015 no Sudeste do Brasil, crise esta agregada ao Sistema Cantareira, o qual viveu então a pior situação dentre todos os sistemas de reservação que abastecem as regiões metropolitanas de São Paulo e de Campinas, iremos então contemplar de forma concisa nesta seção a degradação ambiental dos ecossistemas terrestre e aquático que os envolve. Isso significa que, em termos geográficos, devemos nos circunscrever nas regiões do Sul, Sudeste e Sudoeste do Estado de Minas Gerais, onde se localizam as nascentes que nutrem o Sistema Cantareira, bem como nas do Norte, Nordeste, Noroeste e Centro-Oeste do Estado de São Paulo, regiões providas pelo referido sistema. E, numa perspectiva histórica, partiremos da década de 1970, época da formação dos reservatórios do Sistema Cantareira, os quais foram construídos em decorrência da deterioração dos rios internos da Cidade de São Paulo ao longo dos séculos XIX e XX (os rios Tietê, Guarapiranga, Rio Grande ou Jurubatuba, Pinheiros, Tamanduateí e seus afluentes), mirando, é claro, os anos de 2013 a 2015, período que apreende a maior crise hídrica do Sudeste brasileiro.

Dentre as alterações provocadas, nas últimas três décadas, pelo homem predominantemente citadino nos ecossistemas terrestre e aquático do Sudeste do Brasil, especialmente nos estados de Minas Gerais e de São Paulo, vale destacarmos o desmatamento das coberturas florestais nativas em áreas de diversas nascentes e de bacias hidrográficas mineiras e paulistas vinculadas ao Sistema Cantareira. De acordo com a *Fundação SOS Mata Atlântica*, 8,4 mil hectares de matas ciliares foram destruídos em Minas Gerais entre 2012 e 2013. A área total desmatada das matas de galeria dos estados de Minas Gerais e de São Paulo que cobrem as bacias hidrográficas do Sistema Cantareira foi de 78% num período de trinta anos. Já para a Secretaria do Meio Ambiente do Estado de São Paulo, a proporção de desmatamento nesta região era menor, de 74,5%, devido a trabalhos de recuperação de matas nativas feitos pelo Instituto Florestal de 2005 a 2010. De um jeito ou de outro, o desmatamento da vegetação ripária nas bacias hidrográficas do Sistema Cantareira é real e tem sido avultado. O dano maior do desmatamento florestal nos ecossistemas aquáticos dos estados de Minas Gerais e de São Paulo tem sido o de alterar a capacidade de infiltração, retenção, vazão e depuração da água das chuvas no solo, lençóis freáticos, nos olhos d'água e nos corpos de água superficiais.

Em outras palavras, este tipo de impacto ambiental na vegetação ribeirinha de diversas regiões mineiras e paulistas tem destruído inúmeras nascentes e diminuído a capacidade de armazenamento de água bruta dos seus reservatórios naturais e/ou artificiais. Na região de Campinas, informações divulgadas na primeira metade de 2015 constatavam que perto de 58% das nascentes rurais locais haviam secado e que 83% delas apresentavam algum sinal de degradação. Isto dentro de um contexto maior em que a produção de água nas Bacias dos Rios Piracicaba, Capivari e Jundiaí caía de 50 a 60% em média. No município de Americana, dezenas de suas nascentes estavam então em situação de risco em consequência da destruição das vegetações ripárias contíguas. Desguarnecidas destas matas, muitas das nascentes da região de Campinas ficavam aterradas por obra das súbitas ventanias que irrompiam em meio à intensa e prolongada estiagem de 2013-2014. Engenheiros ambientais contratados, em 2015, pelo Departamento de Águas e Esgotos de Valinhos (*Daev*) para fazerem vistorias em nascentes urbanas e rurais locais que haviam sido arroladas pelo Instituto Geográfico e Cartográfico de São Paulo no ano 2000, descobriram que das duzentas e três encontradas, somente cento e sessenta e oito ainda dispunham de água. Do total das setenta e cinco mil nascentes identificadas por técnicos do Consórcio Intermunicipal do PCJ nas bacias dos rios Piracicaba, Capivari e Jundiaí, 60% delas (ou seja, 45 mil) haviam findado em 2015 pela falta de chuva, somada à ação desflorestadora do homem. Também pudera, numa área de 14.178 km$^2$ no entorno da bacia hidrográfica do PCJ, apenas 12,6% estava guarnecida por matas nativas entre 2014 e 2015.

Outra alteração ambiental que merece destaque é o aumento de ocupações irregulares de terrenos urbanos, suburbanos e rurais por famílias carentes em áreas ribeirinhas, sem infraestrutura sanitária, bem como de empreendimentos imobiliários, sem licenciamento ambiental, de famílias afluentes em áreas de preservação onde se localizam muitas florestas e nascentes de diversos corpos e cursos de água de pequenas cidades e de regiões metropolitanas paulistas. Alguns desses empreendimentos criam extensos condomínios horizontais cujos domicílios fazem captações irregulares de água bruta de rios, riachos e lagoas, essenciais para o abastecimento de cidades, sem falar dos soterramentos destas fontes provocados pelos restos de material de construção que são arrastados ou despejados nas suas margens e calhas. Como se não bastasse estas irregularidades de construtoras e corretoras de imóveis, assim como dos habitantes ribeirinhos e de casas de campo, há ainda as atividades problemáticas de empresas do setor extrativista que retiram irregularmente areia de rios, provocando o assoreamento e a erosão de suas margens, bem como dos donos de fazendas que se excedem na quantidade de água captada de corpos superficiais, conforme a outorga que lhes foi concedida, para a irrigação por aspersão de suas lavouras. Há ainda mais uma prática usual dos fazendeiros lavradores brasileiros que causam mais um impacto ambiental nas fontes de água superficiais que são as queimadas de plantações após as colheitas, realizadas a uma pequena distância das nascentes, dos rios, dos lagos e das represas.

Nem mesmo os donos e administradores de indústrias paulistas de transformação escapavam à prática danosa da poluição dos corpos de água do Estado. Em outubro de 2015, a *Cetesb* constatou que trinta e sete indústrias têxteis da cidade de Americana despejavam irregularmente os seus efluentes no Ribelrão Quilombo. Em outras palavras, elas não realizavam nem sequer um pré-tratamento de seus resíduos antes de lançá-los no citado riacho para depois serem coletados pela rede de esgoto do sistema público municipal.

Estas diferentes formas de agressão às florestas e matas até então preservadas, mormente as matas ciliares, têm dificultado a preservação das águas de rios, riachos, lagos e represas da poluição de resíduos sólidos e fluídos residenciais, comerciais e industriais, resultando na degradação de seu ecossistema, lesando a preservação, a retenção, a recuperação, o volume e a salubridade de suas águas com a multiplicação de material poluente e de microrganismos. Portanto, em alusão ao professor Hilton Silveira Pinto, do *Cepagri-Unicamp,* a destruição das matas ciliares é um fator de primeira grandeza no agravamento da crise hídrica vivida pela população do Estado de São Paulo de 2013 a 2015, pois que tem exercido forte influência na diminuição da absorção da água pelo solo justafluvial, no fluxo de água, e, destarte, na fundura e na baixa concentração de oxigênio dos mencionados cursos de água. Em suma, a devastação das matas ciliares é um fator que tem um grau considerável de importância para compreendermos qualquer crise hídrica, não apenas a intensa e prolongada estiagem associada ao forte calor de 2013 a 2015.

Preliminarmente, dois casos emblemáticos deste problema foram o da Represa Salto Grande, em Americana, e o da <u>Lagoa Amanda 2</u>, em Hortolândia, ambos na região Metropolitana de Campinas. No primeiro caso, a represa de Americana foi tomada por uma enorme mancha verde de meio metro de profundidade que, de outubro de 2013 até a primeira metade do mês de abril de 2014, cobriu 70% de seu espelho d'água em decorrência do excesso de bactérias, cianobactérias, algas verdes, fungos e protozoários. Se em anos anteriores, quando o clima e as chuvas estavam dentro da normalidade no Estado de São Paulo, a referida mancha verde ocorria corriqueiramente na Represa Salto Grande por um curto espaço de tempo e numa pequena extensão da lagoa, restringindo-se as suas margens, de 2013 a 2015 ela não teve como ser dissipada, tornando-se descomunal e perturbadora, causando manchas e queimaduras em animais e pessoas que ali entravam. No segundo caso, o da referida lagoa de Hortolândia, vinte quilos de peixes mortos foram dali retirados pela população local em 12 de maio de 2014. A causa deste estrago: o baixo nível de oxigênio da lagoa devido ao seu baixo volume de água, resultante tanto da estiagem prolongada quanto da poluição provocada por hortolandenses que vinham despejando ali de tudo, até cadáveres de gatos e cachorros, tornando a água escura e com forte odor. Uma moradora da região descreve a cena de forma enternecedora, dizendo que viu os peixes agonizarem nas margens em busca de oxigênio. E, que depois de retirados e deixados mortos no matagal anexo, surgiam urubus e gaviões para comê-los. (in *Correio Popular*, 15/05/2014). Outros casos semelhantes serão abordados no transcorrer desta obra.

Nem mesmo os corpos de água mais graúdos, como o Rio Piracicaba, ficaram livres de uma acentuada poluição ambiental no primeiro quadrimestre de 2014, quando, por efeito da intensa e prolongada estiagem, apresentava baixa vazão, de 25 mil litros por segundo, muito propícia para a formação de espumas brancas geradas pela alta concentração de efluentes domésticos e industriais em superfícies agitadas.

É evidente que as intervenções que o homem, cada vez mais urbano, engendra na natureza advêm das atividades econômicas que ele desenvolve numa determinada área geográfica, as quais por sua vez, suscitam transformações no ferramental, nos métodos e processos produtivos, na ocupação do solo e no uso dos recursos hídricos, os quais por sua vez desencadeiam transformações demográficas como o deslocamento volumoso de moradores de zonas rurais e de pequenos municípios do interior de diferentes regiões pobres do Brasil para as periferias das capitais e das regiões metropolitanas dos estados mais desenvolvidos do Sudeste. Sendo as consolidadas áreas urbanas do Estado de São Paulo as que, desde os anos de 1960, mais têm atraído gente à procura de trabalho e melhores condições de vida, isso implicou num acelerado aumento de sua população junto com uma desordenada multiplicação de moradias que, necessitadas das infraestruturas de abastecimento de água tratada e canalizada, bem como as de coleta, de afastamento e de tratamento de esgoto, passavam a demandá-las sem que as administrações públicas municipais estivessem preparadas para atendê-las por falta de recursos financeiros, materiais e humanos.

O conjunto de seis grandes represas de água bruta do chamado Sistema Cantareira, guarnecido pelas águas das bacias dos rios Piracicaba, Capivari e Jundiaí, foi construído, na década de 1970, justamente para atender, de início, as necessidades daquele tempo e do futuro da próspera Região Metropolitana de São Paulo e de seus municípios circunvizinhos. Calcula-se que, hoje, março de 2016, 8.8 milhões de habitantes desta região paulista são abastecidas pelas águas do Sistema Cantareira. Além destes 8.8 milhões de moradores da Grande São Paulo, o Cantareira é igualmente responsável por regular as vazões dos Rios Atibaia, Jaguari, Piracicaba, Capivari e Jundiaí, incumbidos de abastecer 3 milhões de domiciliados na Região Metropolitana de Campinas (RMC).

Em 1974 foi feita a primeira outorga do Sistema Cantareira para que a Companhia de Saneamento do Estado de São Paulo (*Sabesp*) retirasse $33m^3/s$ de água bruta das bacias dos rios Piracicaba, Capivari e Jundiaí (PCJ). Duas décadas e meia depois, com o impulso à transferência de empresas industriais, comerciais e de prestação de serviços para o interior paulista, iniciavam-se ali novos processos de conurbação, semelhantes ao da Grande São Paulo, culminando em novas áreas metropolitanas, com destaque para a Região Metropolitana de Campinas (RMC), criada oficialmente em 19 de junho de 2000. Todavia, quatro anos mais tarde foi renovada a outorga do Sistema Cantareira à *Sabesp*, permitindo-lhe retirar $31m^3/s$ da água bruta das bacias do PCJ, enquanto as cidades constituintes destas bacias continuavam recebendo $5m^3/s$. Esta outorga é a que ainda continua em vigor até hoje, março de 2016.

É claro que desde o início do século XXI, todas as cidades paulistas, incluindo as da RMC, tiveram aumentado copiosamente o consumo de água tratada e canalizada. Tal fato deveu-se também ao crescimento da construção de moradias urbanas, ao incremento do consumo de bens duráveis, semiduráveis e não duráveis no país, decorrentes do aumento do poder aquisitivo dos trabalhadores brasileiros e de um comportamento excessivamente consumista tanto por esta "nova classe média" quanto pelas antigas classes abastadas num decênio de contínuo crescimento econômico, vertiginosa expansão urbana, moeda nacional valorizada, pleno emprego, valorização dos salários e de redução da pobreza, experimentados de 2003 a 2013.

Para se ter uma ideia do impacto causado pelo desembestado aumento do consumo de água nos domicílios residenciais, comerciais, urbano-industriais e agroindustriais dos municípios paulistas de 2004 a 2013, o fornecimento de água tratada e canalizada na Grande São Paulo subiu 9% ao passo que o consumo cresceu 26%. Só na cidade de Mogi das Cruzes, abastecida pelo Sistema Produtor do Alto Tietê (*Spat*), o aumento de consumo diário *per capita* de água tratada e canalizada foi de 59,8% entre 2009 e 2012. O problema era que, a partir de fevereiro de 2014, o *Spat*, responsável pelo abastecimento de 4 milhões de habitantes da Região Metropolitana de São Paulo, também apresentaria continuamente quedas de aproximadamente 1 milhão de metros cúbicos diários no nível de reservação de suas represas, exibindo no seu conjunto, no limiar de julho, 24,3% de sua capacidade, mas despencando para 16,9% no dia 23 de agosto.

Conforme matéria dos jornalistas Artur Rodrigues e Fabrício Lobel, na região que abrange os municípios integrantes das bacias dos rios Piracicaba, Capivari e Jundiaí, oito indústrias (*Ajinomoto, Raízen, Replan, Rhodia, Suzano Papel e Celulose, União São Paulo, Usina Ester e Usina Santa Cruz*) têm licença de captar $8,3m^3/s$ de água bruta diretamente dos mananciais que compõem estas bacias, quase o dobro da quantidade máxima que a SANASA pode retirar do Rio Atibaia ($4,7$ $m^3/s$) para abastecer a população de Campinas. Assim sendo, o abastecimento de água para as populações de cidades abrangidas pelas bacias do PCJ como, por exemplo, Cosmópolis, tem sido prejudicado a contar do início da crise hídrica de 2013-2015 (in *Folha de São Paulo*, 03/05/2015).

Desolada com o que encontrara em agosto de 2014 nos reservatórios Ponte Nova e Paraitinga, em Salesópolis, e no de Jundiaí, em Mogi das Cruzes, todos pertencentes ao Alto Tietê, segundo maior sistema paulista de produção de água para a Grande São Paulo, a jornalista Sabrina Pacca notava que em alguns lugares parecia achar-se num "pântano" e, em outros, numa "caatinga".

Vale notar que atualmente o Estado de São Paulo possui uma disponibilidade hídrica de 298,19 $m^3$/habitante/ano, número este 73% menor em relação ao ano de 1996, quando o primeiro levantamento sobre esse tema foi realizado. A título de comparação, o Oriente Médio, caracterizado pela predominância de áreas desérticas, possui 292 $m^3$/habitante/ano, segundo dados do *Relatório 2015 das Nações Unidas para Desenvolvimento Hídrico*.

Mais recentemente, de 2012 a 2014 notava-se um aumento extraordinário no consumo de água tratada e canalizada nos meios urbanos do Estado de São Paulo, em torno de 30%, em decorrência da acelerada expansão urbana e da forte e contínua elevação da temperatura que a deixava acima de suas médias históricas tanto nos meses da Primavera e Verão, quanto nos de Inverno e Outono, ao mesmo tempo em que os níveis dos rios, lagos e represas diminuíam por conta da escassez de chuvas e de temperaturas acima da média. Na região de Campinas, a demanda por água tratada e canalizada no mês de novembro de 2013 já somava 35,5 mil litros/s, encostando no limite de oferta regional que era então de 38 mil litros/s.

## Causas estruturais

"A estiagem não é a razão da crise, mas acaba sendo o estopim dela".

Marussia Whatelly. Cientista Social do *Instituto Socioambiental* (ISA) – São Paulo.

Quando falamos de causas estruturais, nos referimos a fatores de longa duração que, embora sejam inerentes à concepção e à evolução de certas sociedades humanas, movimentando-se nas suas profundezas de forma tanto positiva quanto negativa, ficam por algum tempo imperceptíveis. Entretanto elas estão lá, latentes, mas ativas nas entranhas das sociedades humanas, impregnadas das próprias contradições destas, as quais podem vir à tona num determinado período histórico quando intensificadas por outros fatores sociais e/ou naturais. Desta feita, na sequência apontamos as causas estruturais da longa e intensa crise hídrica de 2013-2015 no Sudeste brasileiro:

- Investimento insuficiente no decênio inicial do século XXI na ampliação ou otimização do montante dos recursos hídricos disponíveis no Sudeste do Brasil para os sistemas de abastecimento público, especialmente ao consumo das populações urbanas.

- Retirada incessante, desde 2004, dos 982 bilhões de litros do volume útil de água bruta reservada no Sistema Cantareira, privilegiando o abastecimento de mais ou menos 50% dos domicílios da Grande São Paulo, embora este sistema sirva também para abastecer diretamente quarenta e cinco cidades da região de Campinas. Todavia, esta ininterrupta retirada da água armazenada nos reservatórios do Cantareira tem sido feita numa escala de $36m^3/s$, acima do seu limite de $32m^3/s$, gerando déficits recorrentes em torno de 17,75 mil litros por segundo, justamente num período em que o crescimento populacional de suas urbes tem amplificado e os seus ecossistemas vinham se degradando. Isto tem se tornado um complicador para as cidades integrantes das bacias dos rios Piracicaba, Capivari e Jundiaí (PCJ), já que o Sistema Cantareira lhes tem retirado $33m^3/s$ de água bruta desde 1974, e, $31m^3/s$ a partir de 2004, colocando-as num estado sistêmico de estresse hídrico. Portanto, este ambiente de fadiga hídrica regular das bacias hidrográficas dos rios Piracicaba, Capivari e Jundiaí tem ocorrido porque, em primeiro lugar, conforme o Relatório de Situação de Recursos Hídricos de 2015 em São Paulo, divulgado pelo Sistema Integrado de Gerenciamento de Recursos Hídricos do Estado de São Paulo (SigRH), de 2010 a 2014 a disponibilidade hídrica *per capita* nos municípios das bacias do PCJ sofreu uma queda de 5,11%, passando de 1.069 m$^3$/habitante para 1.014 m$^3$/habitante, e, em segundo lugar, porque o Sistema Cantareira vinha absorvendo o total de 31 mil *l/s* de água ali produzido, destinando-o, mormente, para o abastecimento da Grande São Paulo.

Em outras palavras, a *Sabesp* tem retirado do Sistema Cantareira mais água do que o estabelecido pela outorga de 2004, principalmente durante oito meses entre 2013 e 2014 o que teria agravado a crise hídrica em muitas regiões interioranas do Estado de São Paulo de 2013-2015, especialmente na Região de Campinas.

Eis ai a razão da retração de 27% na disponibilidade hídrica nesta região do interior paulista de 1996 a 2015, colocando-a no em situação semelhante a do Oriente Médio, segundo estudo do Consórcio Intermunicipal do PCJ (In jornal *Correio Popular*, 24/04/2015).

Uma pesquisa realizada pela *Sabesp* no ano de 2011 mostrou que desde 2010, quando o volume de água armazenado no conjunto de reservatórios do Cantareira ultrapassava 70%, a defluência em todo o sistema produtor e distribuidor de água da própria *Sabesp* já estava com um déficit de 1,500 *l/s* em relação a sua afluência. A maior empresa paulista de saneamento básico já trabalhava então no seu limite de reservação, captação e provisão de água para os domicílios da Grande São Paulo. De acordo com a matéria de Heloisa Brenha, publicada na *Folha de São Paulo* de 06 de outubro de 2014, tal déficit só não tinha ainda vindo à tona porque a pluviosidade havia então sido alta, teria ocorrido imperfeições nas redes de abastecimento e havia ainda uma demanda reprimida.

- Diminuta atenção, na maioria dos municípios paulistas, às represas públicas locais de armazenamento de água bruta, propícia a ser captada para o tratamento e o abastecimento domiciliar urbano em épocas de crise hídrica.

  Há quem atribua isso ao receio das várias esferas governamentais de não enfrentar organizações ambientais e movimentos sociais que equivocadamente punham-se contra a construção de grandes ou médios reservatórios municipais de água bruta através do represamento de rios e riachos locais. Com efeito, muitas cidades interioranas do Estado de São Paulo têm ficado reféns da vazão dos rios e/ou dos reservatórios superficiais macrorregionais, geridos pela *Sabesp*, como por exemplo, o Sistema Cantareira, tutelado por esta empresa estadual, perdendo assim autonomia na captação e distribuição de água para as suas respectivas populações, principalmente em períodos de intensa estiagem e calor demasiado. No caso específico da Grande São Paulo, um estudo conduzido pelo Grupo de Atuação Especial do Meio Ambiente, do Ministério Público Estadual de Piracicaba, constatou que, desde 2004, a *Sabesp* deveria ter investido em um novo sistema de grandes reservatórios, da mesma magnitude do Cantareira, para que fosse aumentada a oferta hídrica na escala de 25m$^3$/s para a Região Metropolitana de São Paulo, desestressando assim as cidades integrantes das bacias dos PCJ.

- Atraso e paralisação de obras de abastecimento de água tratada do Programa de Aceleração do Crescimento (PAC) do Governo Federal. Até dezembro de 2013, uma obra de ampliação de abastecimento de água na cidade de São Paulo estava paralisada, duas obras de implantação de sistemas de abastecimento de água estavam atrasadas em Osasco e três na cidade de São Paulo, e duas obras de ampliação de abastecimento de água ainda não haviam sido iniciadas, uma em Sorocaba e outra na capital paulista. Quanto às obras de saneamento, até o final de 2014 apenas três em cada dez haviam sido concluídas.

- Níveis elevados de perdas de água nas redes de distribuição de água tratada e canalizada em muitas cidades brasileiras, desde os pontos de captação e adução de água bruta, passando pelas estações de tratamento, até os reservatórios urbanos de água tratada e destes até os domicílios residenciais, comerciais e industriais.

A raiz deste problema reside no déficit de aparelhos macromedidores para a inspeção da entrada e saída de água nas captações, nas ETAs e nos reservatórios, bem como na ausência ou insuficiência de substituição e até de manutenção das tubulações antigas e novas das redes e ligações urbanas de água tratada.

O índice de perdas de água na rede distribuidora da Grande São Paulo, em meados de março de 2014, variava de 36% a 40%. No total das mais de trezentas cidades do interior paulista servidas pela *Sabesp*, este índice correspondia, em média, a 33%.

Nas cidades de Sumaré e de Americana, na Região Metropolitana de Campinas (RMC), a média de perda de água tratada no sistema de distribuição era de 59% e 35% respectivamente. Hortolândia apresentava um índice de perda de água tratada e canalizada de 31,68%, Paulínia 32,03%, Monte Mor 33,58%, Itatiba 34,45%, Jaguariúna 42%, Nova Odessa 43%, Santa Bárbara d'Oeste 45% e Pedreira 52%. Se incluirmos as outras dez cidades que compõem a RMC, o montante total de perdas chega a 180 mil litros por minuto, o suficiente para encher 103 piscinas de 50*m* de cumprimento e 25*m* de largura. Com exceção de Campinas e Cosmópolis, o pior era que mesmo aquelas cidades que vinham sofrendo com as agruras do racionamento por causa da crise hídrica de 2013-2015, continuaram subestimando este desperdício.

A Sociedade de Abastecimento de Água e Saneamento de Campinas S/A (SANASA) conseguia manter um dos mais baixos níveis de perda física de água tratada e canalizada do país: 19-20%, visando minimizá-lo a 15% a partir de 2016, com investimentos da ordem de R$250 milhões para a substituição de um total de 1,1 mil km, 130 km ao ano, de velhas tubulações por novas de Polietileno de Alta Densidade (PEAD), igualando-se assim à vizinha cidade de Limeira que, por ter mantido nesta proporção as perdas físicas de água no seu sistema de captação e distribuição, salvou-se da crise hídrica de 2013-2015.

- Investimento insatisfatório em redes de esgoto e em estações de tratamento de esgoto para a coleta, depuração e descarga do remanescente das águas residuais domésticas, comerciais e industriais urbanas, satisfatoriamente despoluídas, aos corpos receptores.

O déficit no esgotamento sanitário que tem, por exemplo, sido verificado há décadas em áreas urbanas do Estado de São Paulo é resultante não apenas do parco investimento por parte de certas empresas de saneamento ambiental, estatais ou privadas, mas também dos despejos irregulares de águas residuais por parte dos domicílios particulares residenciais, comerciais e industriais.

Segundo reportagem do jornalista Fabrício Lobel, publicada no jornal *Folha de São Paulo*, em 2 de junho de 2015, mais de 171 mil desses domicílios da Grande São Paulo despejavam seu esgoto *in natura* irregularmente nos corpos de água urbanos e suburbanos por não estarem ligados às redes de esgoto locais meramente para se livrar da tarifa de esgoto em suas contas mensais de água. Como a fiscalização desta imprudência era ainda limitada pela inexistência de legislação específica nos municípios brasileiros, o desleixo de parte da população da Grande São Paulo pela preservação das fontes naturais dos sistemas de abastecimento público de água se notabilizava, o que acabava prejudicando a si própria.

No início do ano de 2014, calculava-se que 43,9% das águas residuais dos imóveis das cidades da Região Metropolitana de Campinas (RMC) eram despejadas *in natura* nos riachos, rios e lagos locais, um montante de carga orgânica de 20 *t/dia* de DBO. A despeito do índice de tratamento de esgoto ter aumentado de 2009 a 2012 na RMC, o mesmo não foi verificado na coleta. Logo, as bacias dos rios Piracicaba, Capivari e Jundiaí (PCJ) apresentaram, em 2013, a segunda maior descarga de material poluidor do Estado de

São Paulo, 126 *t/dia* de DBO, composta principalmente por esgoto sanitário.

Segundo o Relatório da Qualidade de Águas Superficiais elaborado, em 2014, pela Companhia Ambiental do Estado de São Paulo (*Cetesb*), 40% do esgoto descartado nos cursos de água paulistas em 2013 não haviam sido tratados. Se somarmos este índice relevante de descarte de esgoto *in natura* nos mananciais superficiais da região de Campinas à intensa estiagem que perdurou em 2014, o resultado foi o declínio acentuado do nível de oxigênio das águas destes mananciais, afetando imensamente os sistemas de abastecimento público de qualquer comunidade, já que com baixo nível de oxigênio o tratamento fica inviabilizado.

- Investimento ínfimo em represas suburbanas de água bruta e em reservatórios urbanos de água tratada e canalizada, o que ocasionava a falta de água em alguns bairros novos carentes e mais distantes das regiões centrais das cidades paulistas, mormente em épocas de estiagem e de calor excessivos.

- Aumento das concessões às empresas privadas dos serviços de abastecimento de água e de saneamento nos munícipios paulistas, em conformidade com o modelo de Parceria Público Privada (PPP), o que, num primeiro momento, provocou o aumento dos investimentos na área do saneamento básico, R$8,6 bilhões em 2013, caindo, porém, de modo considerável posteriormente, para cerca de R$560 milhões em 2014.

- Predomínio nos condomínios residenciais urbanos, verticais e horizontais, de medição coletiva do consumo de água tratada e canalizada em cada economia, o que impede uma redução do consumo, calculada em torno de 40%, sem a individualização na sua medição. Um condomínio vertical do bairro Sacomã da cidade de São Paulo conseguiu diminuir em 64% a conta de água de todo o prédio após ter individualizado as contas de seus moradores.

- Tendência em se priorizar as águas armazenadas em grandes reservatórios do país para a geração de energia elétrica em detrimento do abastecimento público de água tratada e canalizada, especialmente em épocas de crise hídrica provocada por mudanças climáticas adversas e profundas, como a de 2013-2015.

O último mas não menos importante motivo da crise hídrica no Sudeste do Brasil entre 2013 e 2015, especialmente nos municípios do Estado de São Paulo, foi a falta de investimentos em Estações de Produção de Água de Reuso (EPARs) para a recarga dos mananciais superficiais que abastecem as cidades do Estado e, consequentemente, propiciar uma maior provisão de água para as indústrias, para a limpeza de logradouros públicos, para os bombeiros e até mesmo para as estações de tratamento de água potável purificá-la a ponto de destiná-la ao consumo humano. De acordo com o professor-doutor de Engenharia Hidráulica da Universidade de São Paulo (USP), Ivanildo Hespanhol, se quatro estações de tratamento secundário de esgoto da capital paulista passassem a utilizar o sistema de tratamento terciário, com o emprego de equipamentos MBR para a filtragem e a produção de água de reuso, seria possível fornecer para o consumo humano mais 16 mil litros de água por segundo, o equivalente a dois Cantareiras. Aliás, Hespanhol é um grande defensor da transformação da água de esgoto em água potável através do sistema de tratamento terciário do esgoto, enfatizando que é um dos melhores remédios para se resolver crises hídricas tal como a de 2013-2105 no Sudeste do Brasil. As únicas exceções eram as cidades paulistas de Mauá e Campinas, que através de suas empresas municipais de saneamento básico, a AQUAPOLO e a SANASA, equipadas com Estações de Produção de Água de Reuso (EPARs), já a forneciam, desde o primeiro semestre de 2014, para o Polo Petroquímico de Capuava, na região do ABC e para o Corpo de Bombeiros de Campinas. A SANASA, inclusive, passou a utilizar a água de reuso, produzida por sua EPAR-Capivari II, para o escoamento de instalações sanitárias, manutenção dos jardins e limpeza de pavimentos externos dos prédios de todas as suas unidades, além de fornecê-la para a Secretaria de Serviços Públicos de Campinas para a regadura dos canteiros das praças e a lavagem das calçadas e ruas da cidade. Prontificando-se a ampliar a oferta de água de reuso para o maquinário das linhas de produção e as instalações sanitárias das empresas industriais privadas do município, a SANASA reduziu o seu preço, de R\$2,00m$^3$ para R\$1,40m$^3$, além de construir uma unidade com grandes reservatórios no Jardim Londres para vendê-la a granel. De setembro até a primeira quinzena de outubro de 2014, a SANASA vendeu 30% de água a mais de reuso. Nos primeiros seis meses do ano seguinte, o volume de água de reuso vendido pela SANASA foi de 1.903,07m³, sendo que 921m³ foram para as indústrias, resultando num faturamento de R$25,9 mil.

Percebendo a viabilidade de tornar a água de reuso própria e seguramente potável para o abastecimento destinado ao consumo humano, bem como o seu grande potencial econômico-financeiro, social e ambiental, a direção da SANASA, em conjunto com Agência das Bacias do PCJ e a Fundação de Estudos e Pesquisas Aquáticas (*Fundespa*), assinou, em setembro de 2015, um contrato com o Dr Ivanildo Hespanhol para que fosse conduzido rigorosos experimentos com a água de reuso produzida na EPAR da ETE-Piçarrão, a fim de atestar, com máxima segurança, a potabilidade desta água. Quinze meses após a assinatura do referido contrato, o Dr. Hespanhol apresentou um relatório preliminar a respeito dos testes que sua equipe vinha fazendo desde abril de 2016 na estação piloto da EPAR da ETE-Piçarrão da SANASA, apontando que a qualidade da água de reuso ali produzida teria sim condições de ser fornecida para o consumo humano, uma vez que já atendia, em linhas gerais, aos parâmetros estabelecidos pela Portaria 2.914 do Ministério da Saúde.

O presidente da SANASA, Dr. Arly de Lara Romêo, considerava que os mencionados experimentos da equipe de pesquisadores do Dr. Hespanhol com a água de reuso da EPAR da ETE-Piçarrão, culminaria em um "novo protocolo de utilização da água de reuso" no Brasil e na América do Sul.

## INÍCIO E EVOLUÇÃO DA CRISE

### 2013: As chuvas se esvaeciam no Sudeste do Brasil e os níveis de seus mananciais começavam a baixar

Na penúltima semana do mês de março de 2013, os reservatórios das usinas hidrelétricas das regiões Sudeste e Centro-Oeste do Brasil, responsáveis por 70% da produção de hidroeletricidade no país, já apresentavam um nível de 40% de sua capacidade de armazenamento, se comparados a media dos volumes de reservação de 80%, verificados no triênio anterior no mesmo mês de março.

Enquanto que, em março de 2010 e de 2012, Furnas, em Minas Gerais, atingia um volume médio de 95% de água em sua represa, em março de 2013 o nível máximo de seu reservatório não passava de 57%.

A causa deste declínio foi a estiagem que já se prolongava no Estado de Minas Gerais, principalmente nas suas regiões Sul e Sudeste, onde estão localizadas as nascentes dos rios que abastecem o conjunto de reservatórios do Sistema Cantareira no Estado de São Paulo, estando aí incluídas as represas Atibainha e Cachoeira, formadoras do Rio Atibaia. Consequentemente, o nível e a vazão deste estavam abaixo do normal, indicando 0,88m e 10,23m$^3$/s respectivamente.

Diferentemente da maioria dos municípios paulistas (na ordem de 75%), cujos sistemas de captação de água bruta destinada ao abastecimento domiciliar de água tratada e canalizada fundamentam-se em mananciais subterrâneos, o sistema de Campinas tem sido, até 2016, totalmente do tipo fio d'água, já que opera com a retirada de recursos hídricos exclusivamente de cursos de água superficiais como os rios Atibaia e Capivari e não de reservatórios superficiais ou de águas subterrâneas.

O nível de 1,20*m* constatado no Rio Piracicaba no final do mês de agosto de 2013 era o mais baixo em quarenta e cinco anos.

No começo de setembro, o nível dos reservatórios do Sistema Cantareira não ultrapassava 40% de sua capacidade de reservação.

Os representantes dos municípios integrantes do Consórcio do PCJ começaram a estabelecer a estratégia que utilizariam na negociação da renovação da outorga do Sistema com o Governo do Estado. A princípio, assumiam a posição de requerer a triplicação da vazão de 5m³/s que então recebiam. No dia 14, o Consórcio Intermunicipal do PCJ protocolou sua proposta de renovação de outorga demandando uma ampliação de vazão de 5m³/s para 18m³/s.

Como a Região Metropolitana de Campinas apresentava taxas de crescimento econômico acima da média de todo o Estado de São Paulo, em novembro de 2013 dirigentes políticos, membros dos comitês do Consórcio PCJ e donos de empresas industriais que usam a água como insumo principal demonstravam preocupação com a oferta insuficiente de 5m³/s do Sistema Cantareira, gerido pela *Sabesp*, para as cidades banhadas pelos rios Piracicaba, Capivari e Jundiaí. Por isso, para poderem contar com uma oferta maior de água, cogitavam reivindicar ao Governo do Estado o aumento da vazão para 8m³/s.

O nível de água armazenada no conjunto de reservatórios do Sistema Cantareira decrescia para 37,3% em outubro de 2013, mês no qual as chuvas corresponderam à metade de sua média histórica. Dois meses depois, as quedas de chuvas sobre os reservatórios do Sistema Cantareira apresentavam um índice que não ultrapassou 26% de sua média histórica. Concomitantemente, as cidades situadas nas bacias dos rios do PCJ já haviam ultrapassado o limite de seu banco de água no referido Sistema, vale dizer, de toda a cota a que tinham direito a captar deste volume útil de água que fica ali guardado em situação de normalidade, conforme o contrato de outorga de 2004 com a *Sabesp*. Destarte, tiveram diminuída a oferta de escoamento de água do sistema de 9m³/s para 5,76m³/s.

O grande problema deste banco de água do Sistema Cantareira é que em períodos de muita chuva ele torna-se desvantajoso para as cidades abastecidas pela bacia hidrográfica dos rios Piracicaba, Capivari e Jundiaí, pois as comportas dos reservatórios do Sistema Cantareira têm de ser abertas para evitar transbordamentos e rompimentos. Quando Isso acontece, a *Sabesp* desconsidera o acumulado do Sistema PCJ no referido banco, zerando-o, o que faz com que, por exemplo, "a poupança de água de Campinas desça rio abaixo", tal como colocou Francisco Lahóz,

Secretário-Executivo do Consórcio Intermunicipal das Bacias do PCJ (*O Estado de São Paulo*, 08/11/2013).

Enquanto o Sistema do Cantareira trabalhava com 26%-29% de sua capacidade de reservação, em alguns trechos do Rio Atibaia, próximos à Campinas, o nível de água atingia, no máximo, a altura de 40*cm*, bem aquém do 1,0*m* normalmente verificado no Inverno, quando a estiagem chega ao seu ápice. A vazão do rio no ponto de captação da SANASA não passava de meros 7,7m³/s. Em quinze anos de trabalho dedicado ao monitoramento diário do Rio Atibaia, o coordenador da unidade de captação da SANASA, Luís Artime, disse que nunca havia visto o Rio Atibaia naquele estado num mês chuvoso como o de dezembro de 2013. Todavia, treze meses mais tarde, Artime ficaria estupefato ao constatar que a profundidade deste curso de água havia decrescido mais ainda, medindo apenas 6*cm* no trecho entre Campinas e Pedreira.

A Empresa de abastecimento e saneamento de Vinhedo (*Sanebavi*) havia anunciado, em meados de novembro, a necessidade de adotar o rodízio no racionamento de água na cidade porque o nível de seus três reservatórios de água bruta estava baixo e porque suas estações de tratamento estavam operando com sua capacidade máxima de produção. Valinhos, Santa Bárbara d'Oeste e Americana trataram de lançar campanhas públicas para que a população evitasse o desperdício de água, usando-a de forma racional, a fim de se livrarem do racionamento generalizado.

Em meio à continuidade da estiagem na segunda metade do mês de dezembro de 2013, a equipe técnica do Consórcio PCJ já recomendava que as empresas de abastecimento de água das cidades consorciadas atuassem no sentido de promover o racionamento parcial e revezado do consumo de água tratada e canalizada, com base num esquema em que os domicílios ficariam 48hs com abastecimento e 24hs sem. Aquilatavam esses experts que deste modo o Sistema Cantareira poderia acumular em torno de 120 bilhões de litros de água bruta em 12 meses.

A SANASA teve que se desdobrar para evitar um racionamento generalizado no provimento de água aos campineiros já em 2013, primeiro removendo areia, lodo, detritos e entulhos do Rio Atibaia, segundo, realizando a limpeza sistemática das grades das tomadas de água das instalações da captação, e, em seguida, erguendo um enrocamento no seu entorno para represar ali mais água do Rio Atibaia para elevá-lo ao nível que possibilitasse a sua retirada e posterior adução às estações de tratamento de água. Nas instalações das estações de tratamento de água, como o nível de oxigênio da água bruta do rio havia baixado de 7*mg/litro* à 5*mg/litro*, foi necessário aplicar mais produtos químicos para o seu tratamento e limpar com mais frequência os filtros. No Laboratório Central, as análises da água tratada nas ETAs passavam por exames mais rigorosos com o fito de assegurar a alta qualidade da água que a SANASA sempre tem fornecido para a população de Campinas.

No computo geral, a SANASA finalizaria o ano de 2013 com o maior investimento em saneamento básico em toda a sua história: R$103,2 milhões, sendo a maior parte deste montante, R$75,3%, destinada às obras de coleta, afastamento e tratamento de esgotos, fundamentais para garantir à população campineira a excelência no abastecimento de água, o qual, por sinal, recebeu 15,3% dos investimentos da empresa no mesmo ano.

O total do volume de chuvas acumulado nos três últimos meses de 2013 foi de 283,2*mm*, 46% menor do que a média histórica de 523,2*mm* daquela Primavera e o preâmbulo do Verão. Quando chegou ao fim, 2013 tornou-se o ano com menor volume de chuvas do século XX em Campinas. Se usarmos como parâmetro as medições dos índices pluviométricos da região, feitos de modo sistemático, desde 1989, pelo *Cepagri-Unicamp*, foi o ano mais seco em vinte e quatro anos. Caso a referência das medições locais de temperatura e de índices pluviométricos seja aquela oferecida pelo Instituto Agronômico de Campinas (IAC), então o ano de 2013 pode ser considerado o mais seco da história de Campinas em 123 anos.

## 2014: A ESTIAGEM PROLONGA-SE NO ESTADO DE SÃO PAULO E O RIO ATIBAIA EM CAMPINAS VIRA "UM RIO DE PEDRAS"

Enquanto a Organização das Nações Unidas (ONU) hoje indica que 110 litros é a quantia ideal e sustentável de consumo diário de água por pessoa, no início de 2014 o Estado de São Paulo apresentava um consumo médio de 192,6 litros de água por pessoa/dia. Em Campinas o consumo médio por pessoa girava em torno de 200-210 litros. As atividades que mais consumiam eram então: 1°) evaporação de água de piscina descoberta; 2°) lavagem de automóveis; 3°) lavagem de calçada; 4°) regadura, com mangueira, de plantas de um jardim; 5°) banho e 6°) lavagem de louças.

Ao se iniciar o ano de 2014, o Sistema Cantareira entrava em Estado de Atenção uma vez que não estavam previstas chuvas para os 15 ou 20 dias posteriores.

O Rio Atibaia, em Campinas, apresentava um nível menor do que o usualmente verificado nos meses de maior estiagem, no Outono e no Inverno. Na verdade, havia se tornado "um rio de pedras", de acordo com os dizeres do octogenário Rubens Godoy, que fazia então 68 anos morando ao lado do Rio Atibaia, sendo por isso considerado pela população o seu "guardião".

Na segunda semana de janeiro, o volume de chuvas que caía, vez ou outra, sobre as regiões da Grande São Paulo e de Campinas continuava extremamente baixo (de 47*mm*), um terço abaixo da média histórica experimentada naquele mês. Ao chegar ao seu fim, a carga total das precipitações chuvosas ficara em meros 87,8*mm*, muito abaixo da média histórica de 259,9*mm*.

O montante de água armazenada no Sistema Cantareira caía para de 26,16% de sua capacidade e a média da vazão de seus reservatórios estava próximo de 3m$^3$/s, no limite para viabilizar a captação e, logo, o abastecimento.

A Prefeitura da cidade de Vinhedo já determinava a interrupção, por 2hs/dia, do fornecimento de água tratada e canalizada aos domicílios dos bairros mais altos, principalmente nos horários de pico (entre 17hs e

20hs). A habitual cena de crianças pulando de uma ponte na água da <u>Represa I</u> da cidade deixou de existir.

De acordo com um estudo técnico divulgado pelo Consórcio PCJ em 22 de janeiro de 2014, nos cem dias posteriores as cidades da Região Metropolitana de Campinas (RMC) dificilmente escapariam do racionamento generalizado de água caso não chovesse o suficiente (perto de hum mil *mm*) até março para elevar os baixos níveis de cerca de 23% então marcados nos reservatórios do Sistema Cantareira. Ao findar o mês de janeiro de 2014, constatava-se que o consumo total de 9,8 bilhões de litros de água tratada e canalizada fornecida pela SANASA na cidade de Campinas foi 8,3% superior ao verificado em janeiro do ano anterior. Caso continuassem escassas as precipitações de chuva nos dias restantes do Verão, temia-se que o período de estiagem começasse com os níveis dos reservatórios do Sistema Cantareira extremamente baixos, em torno de 20% de sua capacidade.

Reforçando este alerta do Consorcio PCJ, a SANASA já começava a elaborar uma campanha para conscientizar a população de Campinas a economizar água tratada e canalizada.

A *Sabesp*, por sua vez, havia implementado desde o segundo dia do mês de fevereiro um plano que concedia um bônus, um desconto de 30% na conta mensal de água dos seus usuários que economizassem, no mínimo, 20% em relação ao consumo médio dos doze meses anteriores. A empresa estadual de saneamento básico obtinha com isso uma reserva de 302 milhões de litros de água poupada nos seus sistemas de reservação, tratamento e abastecimento. Em abril, as populações de 31 cidades da Região Metropolitana de São Paulo, abastecidas pela *Sabesp*, já podiam gozar deste benefício e, em maio, Bragança Paulista, Joanópolis, Nazaré Paulista, Vargem, Pinhalzinho, Hortolândia, Itatiba, Monte Mor, Morungaba e Paulínia. À conta deste bônus, entre março e junho de 2014 a *Sabesp* privou-se de arrecadar R$98,9 milhões, culminando na queda de 81% em seus lucros no terceiro trimestre de 2014. No ano todo de 2014, a queda no seu lucro líquido foi de 53%, comparado ao que havia granjeado em 2013. Porém, o programa de bonificação para quem reduzisse o consumo de água fornecida pela *Sabesp* prosseguiria uma vez que havia conquistado 94% de seus usuários da Grande São Paulo, resultando numa economia de 139 bilhões de litros de água em 2014, o equivalente à capacidade de reservação do Sistema Guarapiranga. Nos nove primeiros meses de 2015, a empresa registrava lucro líquido acumulado de R$75,3 milhões, uma queda de R$580,1 milhões ante os R$871,5 milhões que havia obtido no mesmo período de 2014. Em todo o ano de 2015 o lucro líquido obtido foi de R$536,3 milhões, 40,6% abaixo de todo o ano de 2014.

A SANASA-Campinas não ofereceu bônus naquela ocasião para os seus usuários que consumissem menos água porque, desde 1989, tem aplicado um benefício tarifário, denominado *tarifa social*, concedido aos domicílios residenciais de famílias de baixa renda (inseridas no programa *Bolsa Família* do Governo Federal) e aos aposentados com renda familiar inferior a três salários mínimos, cujos consumos não excedam 20m$^3$/mês, bem como às entidades filantrópicas cadastradas na Secretaria Municipal de Assistência Social de Campinas e na Certificação de Entidades Beneficentes de Assistência Social (CEBAS) que consumam até 60m$^3$/mês. Todavia, a crise hídrica lhe acarretou uma perda de 20% em sua receita em 2014.

21,4% era o volume útil de água bruta armazenada na maioria dos reservatórios do Sistema Cantareira em 3 de fevereiro de 2014. No maior destes reservatórios, porém, o do Jaguari, tinha o seu nível minguado a 16,7% de sua capacidade.

No início de fevereiro de 2014, já aventava-se a possibilidade de haver algum modo de racionamento de água em Campinas. O Secretário-Executivo do PCJ, Francisco Lahóz, chegou a solicitar publicamente que a população das cidades banhadas pelos rios Piracicaba, Capivari e Jundiaí economizasse 50% do consumo de água. O Rio Piracicaba apresentava então minguados 10% de seu volume médio histórico para fevereiro, no trecho que corta a cidade de Piracicaba. Antigos piracicabanos diziam que tamanha diminuição no nível da água do Rio Piracicaba só havia sido constatada nos anos de 1920.

Já no Rio Capivari, na altura da cidade de Monte Mor, o nível estava em 1,70*m*, muito inferior a fevereiro de 2013, quando havia atingido quase quatro metros. Por sorte, 90% do sistema de abastecimento público de água tratada e canalizada da cidade de Piracicaba era e tem sido proveniente do Rio Corumbataí, o qual, por ter sua água captada por apenas Piracicaba e Rio Claro, permaneceu com uma vazão normal durante o período da grave e atípica estiagem de 2013-2015.

A partir de fevereiro de 2014, vez ou outra a pequena usina hidrelétrica de Salto Grande, da CPFL, situada entre as cidades de Atibaia e de Campinas, teve que interromper a produção de energia, pois devido à severa e longa estiagem que provocava baixa vazão no Rio Atibaia, a continuidade de sua operação poderia comprometer a captação da SANASA destinada ao abastecimento dos domicílios de Campinas.

O Rio Atibaia contava com 18% do volume das suas médias históricas, o que fazia com que o seu fluxo no ponto das instalações de captação da SANASA indicasse a vazão de 3m³/s. Abaixo disso seria impossível realizar a captação de bruta e manter o abastecimento de água tratada à população de Campinas. Se o governador Geraldo Alckmin não tivesse atendido aos pedidos das autoridades políticas para que fosse prontamente liberado mais 1m³/s de água do Sistema Cantareira para o Rio Atibaia, a SANASA não teria condições de captar o suficiente para o abastecimento da população campineira. Quando depois a *Sabesp* requereu a redução de 3m³/s para 1,5m³/s na vazão da água armazenada no Sistema Cantareira para o Rio Atibaia, em 5 de fevereiro de 2014 o prefeito de Campinas, Jonas Donizette, recorreu ao Presidente da Agência Nacional de Águas (ANA), Vicente Andreu Guillo, e ao governador do Estado de São Paulo, Geraldo Alckmin, para que fosse impedida esta redução, pois a mesma, caso fosse concretizada, provocaria a exaustão dos sistemas de abastecimento público de água tratada e canalizada na Região Metropolitana de Campinas e em todos os municípios envolvidos pelas bacias dos rios Piracicaba, Capivari e Jundiaí (PCJ).

Na segunda semana de fevereiro de 2014 já se viam pessoas caminhando sobre as águas do Rio Atibaia, na altura do Distrito de Sousas, em Campinas, para atravessá-lo. Em Cosmópolis, podia-se nadar tranquilamente no mesmo rio, além de acomodar-se, para um banho de sol, na superfície de ilhas de bancos de areia que antes ficavam submersos.

Notícias de que o nível do Rio Piracicaba havia declinado para 5,5*m* em meados de fevereiro, o mais baixo de sua história em 150 anos, fez a *Sabesp* adiantar a decisão de provocar chuvas artificiais sobre os reservatórios do Sistema Cantareira, contratando os serviços da empresa *ModClima*, especializada em fazer chover artificialmente através do processo de "semeadura de nuvens" ou "processo de coalescência". Tal procedimento consiste no lançamento, por avião, de gotículas de água potável, cujos tamanhos são controlados, nas nuvens densas da troposfera. O resultado, depois de realizadas 600 chuvas artificiais correspondeu a 11,5 bilhões litros de água. O mesmo procedimento veio a ser feito, a partir de 23 de julho de 2014, no Sistema Produtor do Alto Tietê.

Os domicílios das cidades de São Paulo, Guarulhos, Diadema, Itararé, Itu, Sorocaba, Valinhos, Vinhedo, Cosmópolis, Santo Antônio de Posse e São Pedro já penavam, em fevereiro, com o desabastecimento de água tratada e canalizada. Por resolução da Prefeitura Municipal, os domicílios de Valinhos ficavam 36 horas semanais sem abastecimento de água tratada e canalizada. Caso alguém fosse flagrado desperdiçando água, seria penalizado com uma multa de R$336,00. Nos primeiros quinze dias do mês de maio de 2014, quinze multas haviam sido aplicadas.

Apesar de não realizarem cortes no fornecimento domiciliar de água, as cidades de Campinas, Limeira, Piracicaba, Rio Claro, São Carlos e Descalvado estavam em situação crítica devido aos baixos níveis de suas fontes de abastecimento. O nível do Rio Atibaia, na altura do ponto de captação de água bruta da SANASA-Campinas, decrescia para $3,4m^3/s$. Caso o nível despencasse para $2,8m^3/s$, o prefeito campineiro decretaria oficialmente um sistema de racionamento de água.

Promotores Públicos do Grupo de Atuação Especial de Defesa do Meio Ambiente (GAEMA) de Campinas e de Piracicaba conclamavam os prefeitos das cidades banhadas pelos rios Piracicaba, Capivari e Jundiaí a tomarem ações concretas contra a *Sabesp* pelo fato dela estar retirando água bruta do Sistema Cantareira para privilegiar o abastecimento da

Grande São Paulo em detrimento dos municípios interioranos pertencentes às bacias do PCJ.

Ao constatar que o nível de capacidade de reservação do Sistema Cantareira continuava a declinar ainda mais, de 19,8% para 18,8%, o governo do Estado de São Paulo começava a pensar em uma operação de emergência, sem precedentes: explorar o volume de 480 bilhões de litros de água bruta armazenada abaixo das tubulações de todos os seus reservatórios, (conhecido como "reserva técnica" ou "reserva estratégica" ou "reserva profunda" ou "volume morto"). Este chamado "volume morto" nunca havia sido utilizado para prover os sistemas de abastecimento público das regiões metropolitanas de São Paulo e Campinas devido a sua oxigenação inadequada e notória concentração de sedimentos. O Secretário–Executivo do Consórcio Intermunicipal das Bacias do Piracicaba, Capivari e Jundiaí, Francisco Lahóz, advertia, porém, que esta seria uma solução de curto prazo para a crise hídrica de São Paulo.

Para assegurar o abastecimento de domicílios de Campinas que enfrentavam alguma dificuldade no fornecimento de água tratada, a SANASA já começava utilizar parte dos 128 milhões de litros de água tratada armazenados em quarenta e seis de seus reservatórios artificiais urbanos elevados e semienterrados. Concomitantemente, no dia 15 de fevereiro de 2014 o Governo do Estado de São Paulo autorizou a liberação de mais 1m³/s de água dos reservatórios Cachoeira e Atibainha, ambos do Sistema Cantareira, ao Rio Atibaia e, por conseguinte, às bacias do PCJ. Afastava-se, assim, a possibilidade de haver racionamento no fornecimento de água tratada na cidade de Campinas.

Faltando uma semana para o término do mês de fevereiro de 2014, o volume total de chuva no estado de São Paulo era de 48.7*mm*, muito abaixo da média histórica de 202.6*mm*. O nível de reservação do Sistema Cantareira caía para 16,6% no dia 26.

O total do volume de chuvas em todo o mês de fevereiro de 2014 na Região Metropolitana de Campinas foi de 14,1*mm*, muito aquém das médias mensais, de 208*mm*, dos 21 anos precedentes, registradas pelo Instituto Agronômico de Campinas. Além disso, a média das temperaturas máximas no mesmo mês foi de 34,3ºC, mais alta do que as médias mensais de 30,0ºC dos 25 anos anteriores.

Quanto mais baixo ficava o nível do Rio Atibaia, mais os entulhos que haviam sido ali despejados ficavam visíveis, assustando quem passava por perto. Pneus, garrafas PET, sacos, copos e pratos de plástico, sapatos e tênis de couro e de material sintético, panos diversos, restos de roupa, papelão, isopor, tijolos, pedaços ou carcaças inteiras de carros, bicicletas e de motocicletas, gatos e pinguins de porcelana, capacetes de motociclistas, vigas de madeira e de ferro, cadeiras de plástico, sofás, geladeira, peças de televisão de tubo, vidros, cadeados, ferraduras, ferros de passar roupa, talheres, monitores de computador, placas de metal entre outros resíduos sólidos.

Ainda na primeira quinzena do mês de fevereiro de 2014, a SANASA organizou um mutirão de limpeza do Rio Atibaia, reunindo a Defesa Civil, cidadãos voluntários, ONGs de defesa do meio ambiente e outras organizações da sociedade civil imbuídos deste objetivo. Cerca de 7,5 toneladas de lixo foram retiradas do leito seco do Rio Atibaia naquela data.

Cientes de que as chuvas futuras não seriam suficientes para a recuperação dos reservatórios do Cantareira, uma equipe técnica do Consórcio PCJ dava início a um minucioso mapeamento do potencial de aproveitamento dos recursos hídricos superficiais (lagos) e subterrâneos (poços profundos) da região ainda desconhecidos e, portanto, não explorados, para que pudessem servir como reserva hídrica não dependente do Sistema Cantareira e dos regimes de chuvas.

Ao iniciar o mês de março de 2014, a SANASA informava que tinha ocorrido uma redução de 6% no consumo domiciliar de água em Campinas, o que correspondia a uma economia de 23 mil metros cúbicos de água tratada, suficiente para abastecer 100 mil pessoas por 24 horas. Na residência de uma moradora de Campinas, a aposentada Odete Lamarino, houve uma redução de mais de 40% na conta de água, de fevereiro a março.

No sexto dia do mês, o volume de reservação útil de água no Sistema Cantareira estava em 15,79%, de sua capacidade e, não mais do que três dias depois, 14,5%. No dia 24 caía para 14,1%. A maior das represas do sistema, a área da Represa Jaguari-Jacareí, com capacidade de armazenar 110 bilhões de litros de água bruta, estava no dia 11 com alarmantes 80,1 milhões, 9,9% de sua capacidade. As represas Jaguari e Cachoeira, encarregadas da vazão dos rios Jaguari e Atibaia apontavam, no dia 18 de março, 14,68% de sua capacidade e no dia 24 baixava assustadoramente para 7,54%.

Em artigo publicado no jornal *Folha de São Paulo*, de 17 de março de 2014, a economista Maria Eduarda Gouvêa Berto assinalava que caso os serviços de água e esgoto em mãos de empresas públicas fossem transferidos para empresas privadas, não haveria a necessidade de se aumentar as tarifas, uma vez que "o valor médio" da conta de água (US\$1,50 m$^3$) já era relativamente alto se comparado com os outros países do BRICS, tais como Rússia (valor médio de US\$1,00/m$^3$), e China (US\$0,35/m$^3$). Afirmava, então, Maria Eduarda que "a media de tarifa praticada no Brasil é atraente para o investidor internacional se comparada à dos outros emergentes, pois tem condição de viabilizar uma gestão privada eficiente sem aportes públicos adicionais".

Quando a Represa Jaguari-Jacareí, do Sistema Cantareira, ficou na iminência de ficar completamente seca, pôde-se vislumbrar ruínas de casas de uma antiga vila operária, onde moraram funcionários da Usina das Flores, alagada em virtude da formação da represa. O mesmo aconteceu quando secou o Reservatório Paraibuna entre 2014 e 2015, deixando expostas as ruínas de antigos edifícios das velhas cidades de Redenção da Serra e Natividade da Serra, submersas desde a década de 1970.

Os mais renomados *experts* nacionais e estrangeiros das áreas de engenharia hidráulica, sanitária, ambiental e afins diziam, reiteradamente, que racionar (i. e. consumir espontaneamente menos água do que o habitual) seria a única saída para que o volume útil de água bruta estocada no Sistema Cantareira não se esgotasse e os domicílios paulistas continuassem a ter o mínimo necessário de água tratada em suas caixas e torneiras.

No início de abril de 2014, pesquisa do Datafolha mostrava que 74% dos brasileiros avaliavam que o racionamento de água generalizado (economia forçada) seria a medida mais correta para evitar a sua falta em seus domicílios.

Em 14 de abril de 2014, os reservatórios das usinas hidrelétricas das regiões Sudeste e Centro-Oeste do Brasil já sinalizavam um nível médio de 36,7%, 8% menor do que o índice apresentado no primeiro quadrimestre do ano anterior. O conjunto do Sistema Cantareira operava com 11,9% de sua capacidade de reservação.

Pressionado pela comunidade acadêmica, por *experts* da área de hidrologia, engenharia ambiental, hidráulica e sanitária, assim como pelos meios de comunicação, para implementar oficialmente, quanto antes, o racionamento generalizado imediato no consumo de água tratada e canalizada em São Paulo, o governador Geraldo Alckmin, todavia, anunciava que o Governo Estadual ainda dispunha de uma derradeira fonte de recursos hídricos: o já citado "volume morto" do Sistema Cantareira. Garantia ele que a água bruta captada no "volume morto", mais a "restrição hídrica" e o "consumo racional" dos habitantes das regiões metropolitanas de São Paulo e de Campinas não refreariam a captação e vazão do Sistema Cantareira e, consequentemente, o abastecimento domiciliar, sem a imposição do racionamento generalizado, manter-se-ia até março de 2015.

Calculava-se que mesmo sem a normalização das precipitações chuvosas ao longo de 2014, a reserva do "volume morto" do Cantareira seria capaz de garantir, por 137 dias, o consumo mínimo de 200 litros/dia por habitante dessas regiões metropolitanas paulistas. Crendo ainda que voltaria a chover regularmente na Região Sudeste do Brasil a partir do mês de março de 2014, o governador Alckmin dizia que os reservatórios do Cantareira recuperariam então o nível de seu volume útil.

Como, até meados de maio, o calor perdurava, as chuvas seguiam escassas, os níveis úteis de água dos reservatórios do Sistema Cantareira continuavam caindo e as retiradas elevadas (29-31 mil litros por segundo), a Agência Nacional de Águas (ANA) alertava que, permanecendo aquela situação climática adversa, a capacidade do "volume morto" do Cantareira abastecer as regiões metropolitanas de São Paulo e de Campinas duraria até, no máximo, novembro de 2014, reiterando a necessidade de se decretar oficialmente o racionamento generalizado no Estado de São Paulo. O secretário-executivo do PCJ, Francisco Lahóz, mostrava-se mais pessimista, prevendo que a água da reserva estratégica do Cantareira já estaria esgotada em setembro.

Em entrevista publicada no jornal *Correio Popular* de 18 de abril de 2014, o então Presidente da Agência Nacional de Águas (ANA), Vicente Andreu Guillo, alertou as autoridades políticas das regiões metropolitanas de São Paulo e de Campinas de que, na ausência de chuvas na Primavera e no Verão seguintes, o abastecimento de água em Campinas seria "trágico". Avisou, inclusive, que teria de haver uma postura solidária dos dirigentes das regiões metropolitas de São Paulo e de Campinas no sentido de consumarem a assinatura de um acordo para a retirada da água do Sistema Cantareira a fim de evitar a sua falência. Por sinal, a falência, em todas as suas dimensões, assombrava estas regiões que constituíam respectivamente o primeiro e o terceiro parques industriais do país.

Para asseverar que evitaria decretar o racionamento generalizado na região Metropolitana de São Paulo, o governo do Estado decidiu reduzir de 7 a 10% (de 30m$^3$/s para 27,9m$^3$/s) a retirada de água bruta dos reservatórios do Sistema Cantareira.

## O ano mais seco da história do Sudeste do Brasil deflagra "guerras" pela água

Com o objetivo de aumentar o volume útil de água do Sistema Cantareira, o Governo do Estado de São Paulo anunciava, em março de 2014, a elaboração de um plano para construir 15 km de túneis e canais subterrâneos com o fim último de ligar as represas da bacia do Rio Paraíba do Sul à Represa Atibainha do Sistema Cantareira, facultando a este 5m$^3$/s a mais de água bruta transplantada. O governo do Estado do Rio de

Janeiro, entretanto, rechaçou tal plano, dando início a uma batalha entre os dois estados em órgãos gestores estaduais, comitês de bacias hidrográficas intermunicipais e interestaduais, agências reguladoras federais e até na Justiça Federal.

O conflito se acirrou quando, no início de agosto, a Companhia Energética de São Paulo (CESP) diminuiu a vazão da água armazenada em sua represa da usina do Rio Jaguari para o Rio Paraíba do Sul. A discórdia residia no fato de que os reservatórios da bacia hidrográfica do Rio Paraíba do Sul têm sido essenciais para abastecer uma população de 15 milhões residentes em cidades do sul do Estado do Rio de Janeiro, sendo 11 milhões só na Região Metropolitana da capital fluminense, sem falar dos 3 milhões de habitantes das cidades paulistas do Vale do Paraíba e de milhares de pessoas do Sudeste de Minas Gerais.

Ademais, o nível do Rio Paraíba do Sul havia caído pelo menos 8 metros até então e os reservatórios do Vale do Paraíba também sofriam com a longa e severa estiagem iniciada na região Sudeste do país em 2013, estando, em março de 2014, a Represa do Jaguari-Igaratá com 38% de sua capacidade de reservação, a Represa Paraibuna com 41% e a Represa Santa Branca com 59%. Em 18 de agosto de 2014, o nível médio de reservação destas represas havia caído respectivamente para 37%, 12%% e 28%. Todavia, no mesmo dia os governos de São Paulo e do Rio de Janeiro chegaram a um acordo, pelo qual o Estado de São Paulo aumentaria a vazão do reservatório da Usina Hidrelétrica Jaguari de 10m$^3$/s para 43m$^3$/s, diminuindo, porém, de 80m$^3$/s para 43m$^3$/s a vazão do Reservatório de Paraibuna. O Estado do Rio de Janeiro, por sua vez, comprometeu-se a reduzir a retirada de 165m$^3$/s para 160m$^3$/s do Rio Paraíba do Sul.

Num outro *front*, prosseguia o duelo entre a *Sabesp*/DAEE, de um lado, e o Consórcio intermunicipal PCJ/Comitê da Bacia Hidrográfica do Alto Tietê (CBH-AT) de outro lado, referente à renovação da outorga do Sistema Cantareira.

Fundamental para estabelecer os novos volumes de água destinados à Grande São Paulo e às bacias do PCJ, bem como aos municípios vinculados às bacias do Alto Tietê, a renovação estava prevista para ser acordada em

2014, mas foi duas vezes postergada, primeiro para outubro de 2015, depois para dezembro do mesmo ano e, de novo, para maio de 2017.

Na outorga ainda vigente desde 2004, as cidades pertencentes ao Consórcio PCJ tinham o direto de receber 5m³/s, com o mínimo de 3m³/s, ao passo que a Grande São Paulo tinha tido a garantia de retirar 31m³/s, com um mínimo de 24,8 m³/s. Todavia, os diretores do Consórcio Intermunicipal do PCJ, os dirigentes políticos, os gestores das empresas municipais de saneamento básico e os industriais das cidades do PCJ e do CBH-AT reafirmavam que necessitavam quanto antes dobrar o volume de água que até então recebiam do Cantareira.

Considerando que os municípios abarcados pelas bacias dos rios Piracicaba, Capivari e Jundiaí (PCJ) tinham um problema estrutural de escassez hídrica, os integrantes de seu consorcio intermunicipal estabeleceram que a vazão do Cantareira para a referida bacia hidrográfica do interior paulista teria de ser de, pelo menos, 10m³/s quando o volume útil de água bruta armazenada no Sistema Cantareira estivesse acima de 20%. Caso este volume de reservação estivesse abaixo de 20%, deveriam ser aplicados instrumentos que garantissem a paridade nas vazões.

Na esteira dos diretores do Consórcio Intermunicipal do PCJ, o empresário José Nunes Filho, diretor regional do Centro das Indústrias do Estado de São Paulo, anunciou que a entidade poderia entrar com uma ação judicial para garantir a vazão mínima de 10 m³/s do Sistema Cantareira às bacias do PCJ. Afinal de contas, o crescimento econômico nesta região do *hinterland* paulista crescia em torno de 4 a 5% ao ano ao passo que na região da Grande São Paulo expandia ao redor de 1%.

Mesmo assim, ainda em meados de 2015 a *Sabesp* mostrava-se recalcitrante, teimando em manter a vazão mínima de 31m³/s para a Grande São Paulo e a de 5m³/s para a Região Metropolitana de Campinas e demais cidades das bacias do PCJ. A empresa estadual de saneamento básico usava de artifícios inadequados para manter este cenário assimétrico.

Durante as crises climática e hídrica de 2013-2015, apesar de ser o maior reservatório do Sistema Cantareira, capaz de armazenar 75% de toda a sua água bruta e, por isso, tido como o seu "coração", no dia 14 de outubro de 2015 o Jaguari-Jacareí estava praticamente seco, apresentando um nível de armazenamento de apenas 1,7% de seu "volume morto". Este seu mirrado estado decorria das retiradas feitas pela *Sabesp* em prol de outros reservatórios do Cantareira mais próximos da Cidade de São Paulo, cujos níveis médios de reservação ficavam ao redor de 12%. Com efeito, o Reservatório Jaguari-Jacareí, encarregado da vazão dos rios Jaguari e Atibaia, murchava, logo impactando os rios das bacias dos rios Piracicaba, Capivari e Jundiaí (PCJ).

Retomando nossa narrativa fatual do segundo semestre de 2014, a Secretaria Executiva do Consórcio Intermunicipal do PCJ pleiteava que naquela altura do ano já era imperativa a prescrição do *Estado de Calamidade Pública* pelo Governo do Estado de São Paulo a fim de que as cidades pertencentes às bacias do Alto Tietê e do PCJ tivessem mais agilidade para obter recursos para debelar a crise hídrica que as abatia. As autoridades destes municípios lembravam que precisavam implementar ações emergenciais de coleta e retenção de água de chuva por meio da construção de cisternas e para a ágil distribuição de água tratada à população através de estações móveis de tratamento que seriam colocadas nas margens de diversos corpos e cursos de água locais.

A Secretaria Executiva do Consórcio dos rios Piracicaba, Capivari e Jundiaí clamava igualmente por mudanças no estratagema do "banco de águas", por uma nova outorga do Cantareira, por redução no consumo de água tratada e canalizada e pela contenção da expansão urbana desordenada, com a interdição de novos loteamentos imobiliários, nas cidades vinculadas às bacias do PCJ, dependentes do sistema Cantareira para abastecer de água tratada e canalizada os seus habitantes. Em suas manifestações públicas, o lema era: "Salvem o Cantareira – Água para todos".

Quanto ao projeto do Governador Geraldo Alckmin de captar diariamente 5m³/s da água das represas da bacia do Rio Paraíba do Sul para levá-la à Represa Atibainha do Sistema Cantareira, os prefeitos das cidades do Consórcio PCJ apoiavam. Contudo, os governos dos estados de Minas

Gerais e do Rio de Janeiro, incluindo aí várias cidades do sudeste mineiro e do Vale do Paraíba Paulista e Fluminense, posicionavam-se contra. No entanto, após várias reuniões técnicas entre os governos de São Paulo, Rio de Janeiro e Minas Gerais com a ANA, esta concluíra, em 5 de novembro de 2014, que o projeto do governador Alckmin era "tecnicamente viável", dando margem para a realização de um acordo.

A autorização do Governo do Estado de São Paulo para que a *Sabesp* assinasse contratos com o consórcio *Serveng/Civilsan/Engeform/PB Construções* para o início das obras necessárias a esta transposição da água de uma represa da bacia do Rio Paraíba do Sul para a Represa Atibainha, do Sistema Cantareira, foi finalmente assinada em 2 de outubro de 2015.

Uma disputa pela água que parecia irrelevante por envolver apenas dois municípios do interior do sudeste brasileiro, mas que cabe aqui ser abordada, foi aquela que abarcou a cidade paulista de Franca e a mineira Claraval. Procurado pelo prefeito claravarense, o Ministério Público de Minas Gerais impugnou a instalação de uma barragem provisória de sacos de areia feita *Sabesp* em 17 de setembro de 2014 para evitar o desabastecimento de Franca em virtude de mais uma queda, de 30%, na vazão do Rio Canoas. A controvérsia surgiu porque o nível do Córrego de Pouso Alegre, em Minas Gerais, havia diminuído 80% e a população de Claraval já enfrentava um racionamento diário de quatro horas de duração. A barreira de sacos de areia só pôde permanecer no Rio Canoas depois que a *Sabesp* obrigou-se a permitir o escoamento natural de $4m^3/s$ para o Córrego de Pouso Alegre. Logo, a unidade da Sabesp em Franca teve que utilizar vinte e sete caminhões-pipa para captar água de uma represa particular e de lagos de dois clubes locais para levá-la até os seus reservatórios urbanos.

Outras disputas jurídicas importantes pelo aproveitamento de recursos hídricos superficiais do Sudeste do Brasil no ápice da crise hídrica de 2014 ocorreram no interior do Estado de Minas Gerais.

A primeira delas envolveu a represa da Usina Mascarenhas de Moraes, do Sistema Furnas, que havia recebido a autorização da Agência Nacional de Energia Elétrica (ANEEL) para reduzir em até treze metros o seu volume acumulado com o intuito de que outras usinas hidrelétricas pudessem aumentar a produção de energia elétrica. Temendo ficar sem água para as atividades turísticas e à produção agrícola, os municípios mineiros de Ibiraci, Delfinópolis, Ilicínea, São João Batista do Glória, entre outros pertencentes à Associação dos Municípios do Lago de Furnas (*Alago*), entraram com várias liminares para impedir a tal redução.

Semelhante contenda deu-se no Norte de Minas Gerais, quando o Reservatório Três Marias amargava um nível baixíssimo de 8,46%, levando a Companhia Energética de Minas Gerais (Cemig) a diminuir a vazão para o Rio São Francisco. O abastecimento de água tratada para a população de uma cidade banhada por este rio ficou prejudicado e a prefeitura local rapidamente entrou na justiça para anular a contenção da vazão do São Francisco determinada pela Cemig.

Além destas cinco disputas pelos recursos hídricos entre governos municipais e estaduais do Sudeste do Brasil, havia mais uma que provavelmente há algum tempo já era latente em todo o país: a guerra pelo uso da água entre o Campo e a Cidade.

Aqui no Estado de São Paulo, mais precisamente nas macrorregiões da Capital, de Jundiaí e de Campinas, disputas pela coleta de água nas diversas fontes superficiais vieram à tona. Os produtores rurais reclamavam que a contundente estiagem de 2013-2015, as sanções dos órgãos ambientais governamentais, as novas objeções para a obtenção de outorgas e o aumento desproporcional do consumo de água dos domicílios residenciais, comerciais e industriais urbanos, beneficiando um setor da economia em detrimento de outros, abalavam a agricultura. Alguns agricultores do nordeste do Estado de São Paulo queixaram-se de que os poderes públicos obstruíam suas bombas de água, instalando nelas cadeados, para regular suas captações nos rios, córregos e lagoas. Além da deliberada redução da produção e das quebras de safras em torno de 40% a 50%, sucediam-se igualmente a perda da qualidade e a redução do tamanho dos produtos plantados, tal como ocorreu com a produtora de morango, em Jarinu, Simone Cristina Martins Mingotti, e o cultivador de alcachofra, em Campinas, Valdemir Pavan.

Como esta problemática exigia uma solução comum, conjunta, com diálogos entre iguais de todos os envolvidos no uso intensivo dos recursos hídricos superficiais que escasseavam no Sudeste do Brasil em 2014, várias propostas foram sugeridas.

Uma delas baseou-se num experimento praticado no Ceará. Independentemente da denominação que tenha recebido – "Comissão Gestora Comunitária", "Comitê de Gestão Solidária" ou "Solidariedade Hídrica" – este feito desembocava em dois preceitos fundamentais: o uso racional da água e a sua utilização compartilhada, com base em uma gestão conjunta e provisão equitativa entre empresas as municipais de saneamento básico, a indústria, o comércio e a agricultura.

Grosso modo, na prática esta partilha dos recursos hídricos disponíveis, por exemplo, no Estado de São Paulo, fariam com que os agricultores paulistas, em prol do abastecimento das cidades, diminuíssem ou deixassem de irrigar momentaneamente as suas plantações, e até mesmo as suspendessem também temporariamente. Tal revezamento ocorreria semelhantemente com as atividades urbano-industriais que, diminuindo o consumo de água tratada ao trocá-la pela água de reuso, beneficiaria a agricultura ou o abastecimento das residências urbanas.

A necessidade de se encontrar soluções comuns para as disputas geradas pela crise hídrica de 2013-2015 no Brasil, prezando a parceria ao invés da competição, também foi o tom do Fórum Econômico Mundial de janeiro de 2015 em Davos, na Suíça. Afinal de contas, o resultado baseado numa enquete que havia sido feita em 2014 com novecentos líderes empresariais do mundo todo sobre quais seriam os riscos que causariam maior impacto global nos dez anos subsequentes, a crise da água foi a que encabeçou uma lista com os cinco grandes riscos então mais receados.

Ao findar o ano de 2014, a Comissão Pastoral da Terra divulgava dados que mostravam que os conflitos por recursos hídricos no Brasil vinham aumentando, tendo atingido recordes históricos nos anos de 2013, com 101 conflitos, e de 2014, com 127 disputas, os maiores desde 2002. Isso significava que em 2014 ocorriam 2,8 conflitos hídricos por dia no país, principalmente nas regiões rurais do norte, nordeste e centro-oeste. Tais embates advinham de resistências à apropriação regular ou irregular de recursos hídricos por fazendeiros, grandes empresas agrícolas e mineradoras privadas, à construção de açudes e represas em zonas rurais ou suburbanas habitadas, à contaminação de rios e consequentes invasões de terras, públicas e privadas, para acessos a cursos de água preservados, desvio no curso de rios e a transposição de água de uma bacia hidrográfica à outra.

### "A água vira pó" no Rio Jaguari entre Campinas e Pedreira

O Rio Jaguari nasce na Serra da Mantiqueira em Camanducaia, no Estado de Minas Gerais. Ao chegar em Joanópolis, Estado de São Paulo, forma o reservatório Jaguari-Jacareí, o maior do Sistema Cantareira. Quando se encontra com o Rio Atibaia, na altura da cidade de Americana, O Rio Jaguari forma o Rio Piracicaba. Por isso, ele, junto com o Rio Atibaia, são os mais importantes cursos de água desta bacia, fontes de abastecimento de 12 milhões de pessoas que vivem na região noroeste-centro-oeste do Estado de São Paulo. O seu curso no distrito de Sousas, mais precisamente no bairro rural Carlos Gomes, situado entre Campinas e Pedreira, estava completamente seco em 5 de abril de 2014. "Água vira pó no Jaguari" era a manchete do caderno "Cidades" da edição do dia seguinte do jornal *Notícia Já*. Segundo o senhor José Mauro Moraes, antigo morador do local e ex-funcionário da usina Macaco Branco, em 100 anos de existência desta nunca se soube de caída tão acentuada do Rio Jaguari neste ponto.

De maio de 2013 a maio de 2014, a vazão do Rio Jaguari na foz caiu vertiginosamente de 27m$^3$/s para 6m$^3$/s até chegar, nos últimos dias de agosto, em 1,8m$^3$/s. Bancos de areia, rochas, troncos de árvores e pedras, antes submersas, despontavam no seu leito raso, com alguns trechos visivelmente secos e rachados. De acordo com o marceneiro Claudinei Fernando Geraldo, antigo morador de Pedreira, só sobrava peixes pequenos e não tinha mais "um monte de garça capivara e pato do mato". (Apud: Bruno Bacchetti in *Correio Popular*, 25/05/2014).

Todo o conjunto dos reservatórios do Sistema Cantareira havia iniciado o mês de abril de 2014 com um nível de 13,1% e terminava-o com um novo nível negativo de 10,6%. A sua principal represa, a do Jaguari-Jacareí, também denominada "coração do Sistema", penava com 3,34% de seu volume útil.

O Comitê Anticrise do Cantareira determinava que as cidades banhadas pelos rios Piracicaba, Capivari e Jundiaí (PCJ) não poderiam receber uma vazão maior do que 3m$^3$/s, contrariando a demanda do Consorcio Intermunicipal do PCJ, que Já havia solicitado uma vazão mínima de 4m$^3$/s. A palavra de ordem da Câmara Técnica do Comitê do PCJ passou a ser a de economia drástica no consumo de água tratada e canalizada, na ordem de 50%, a fim de garantir a sustentabilidade do Sistema Cantareira e, por conseguinte, a "segurança hídrica" dos municípios da região no decurso do iminente período de estiagem. Evitava-se, porém, a todo o custo, falar em racionamento.

A SANASA tomou uma decisão prática ao distribuir cinco mil ampulhetas de 5 minutos para alunos da rede municipal de ensino. O objetivo era que eles as usassem para monitorar o tempo de seus banhos de chuveiro, encurtando-os. Segundo estimativas feitas por técnicos do Consórcio PCJ, se cada um dos 14 milhões de moradores dos municípios das regiões metropolitanas de São Paulo e de Campinas, abastecidos pelo Sistema Cantareira, reduzisse em um minuto o seu banho de chuveiro, a economia de água seria de 4m$^3$/s *per capita*, cuja soma total daria para abastecer por um dia uma cidade como Campinas.

No final de abril de 2014, a direção técnica da empresa de saneamento básico de Campinas inferia que não conseguiria deixar de estabelecer alguma forma de racionamento caso a seca continuasse e se a economia espontânea de água tratada e canalizada de seus consumidores permanecesse no patamar de 10%, sendo necessário elevá-lo para 20%.

Em julho de 2015, do *Instituto Ipsos* divulgou o resultado de uma pesquisa que mostrava que cerca de 68,7% das pessoas residentes no Sudeste do Brasil haviam reduzido o tempo do banho de chuveiro.

## O despertar do "volume morto" do Sistema Cantareira

Quando maio de 2014 principiou, o nível do volume útil do Sistema Cantareira declinava para 10,1% de sua capacidade, seguindo em queda até chegar a 8,19% no décimo quarto dia do mês, novo recorde negativo. A Represa Jaguari-Jacareí mirrava com apenas 1,58% da reserva de seu volume útil. As cidades da Grande São Paulo contavam então somente com 103 milhões de litros de água do volume útil deste Sistema, quantidade que garantiria o seu abastecimento por mais cinquenta dias, no máximo.

No Rio Atibaia, em Campinas, a SANASA registrava o fluxo mais baixo de toda a sua história: 5,5m³/s, resvalando na situação-limite de 4,0m³/s. O jornal *O Estado de São Paulo* noticiava, em 4 de maio, que os trabalhos de instalações das máquinas e equipamentos para "sugar a água ainda intocável" do "volume morto" das represas Jaguari-Jacareí e Atibainha do sistema Cantareira estavam sendo feitos a toque de caixa. O custo inicial da obra beirava o montante de R$80 milhões, subindo para 160 milhões em julho.

Para aumentar o volume útil dos reservatórios do Sistema Cantareira de 8,2% para 26,7% e poder continuar mantendo o abastecimento de água sem racionamento generalizado às regiões metropolitanas de São Paulo e de Campinas por, no mínimo, mais sete meses, o Governo do Estado de São Paulo iniciou, em 15 de maio de 2014, o bombeamento da água da primeira cota do "volume morto" das represas Jaguari-Jacareí e Atibainha do Sistema Cantareira, antecipando-o em um mês, já que o plano preliminar era de utilizá-lo a partir de meados de junho.

Dos 480 bilhões de litros de água bruta disponíveis abaixo do nível de captação das represas Jaguari-Jacareí, o plano era retirar 182 bilhões de litros para abastecer 8.8 milhões de habitantes da Grande São Paulo e 3 milhões da região Metropolitana de Campinas até novembro-dezembro de 2014.

A despeito do nível dos reservatórios do Cantareira ter subido após receber a água bombeada da primeira cota do "volume morto", surgiram divergências quanto à marca exata: 26,4%, segundo a Sabesp e 22,3%

conforme a ANA. Vale assinalar que desses 26,4% ou 22,3%, 18,5% pertenciam ao montante da primeira cota do "volume morto" acrescentado ao Cantareira a partir de 15 de maio. No entanto, depois de uma semana de bombeamento, uma nova cifra surgia e era consensual. O Sistema perdia perto de 1,1% de seu volume de água armazenada em consequência da falta de chuvas e prosseguiria em queda até o décimo quinto dia, quando chegou a 1,7% de perda. Até o dia 24 de maio, o índice de chuvas nas regiões dos reservatórios do Cantareira era de 31,6$mm$, muito aquém da média histórica de 83,2$mm$ para o mês.

Para abastecer a Grande São Paulo, o Governo do Estado decidiu diminuir a retirada de água do conjunto dos reservatórios do Cantareira de 31 m$^3$/s para 23m$^3$/s, sendo 3 m$^3$/s destinados para a região de Campinas. Como havia perdas no percurso da água bruta dos reservatórios Jaguari-Jacareí até o ponto de captação da SANASA no Rio Atibaia, em Sousas, por um tempo a cidade de Campinas passou a valer-se apenas da vazão deste rio para a captação e o abastecimento de 95% de seus domicílios.

ANA/DAEE, PCJ e Sabesp desentendiam-se quanto à duração da reserva de 182 bilhões de litros de água do "volume morto" da Represa Jaguari-Jacareí do Cantareira no abastecimento dos domicílios da Grande São Paulo, sem a necessidade de se decretar o racionamento generalizado. ANA/DAEE e PCJ previam seca total no Cantareira já no final de outubro ao passo que a Companhia de Saneamento do Estado de São Paulo assegurava que conseguiria abastecer os domicílios da Grande São Paulo até 30 de novembro, não mais até dezembro de 2014 ou março de 2015 como havia prognosticado antes. O volume armazenado no conjunto dos reservatórios do Sistema Cantareira, que havia subido para 26,4% logo depois que a reserva do "volume morto" da represa Jaguari-Jacareí começou a ser bombeada, declinava para 22,3% em 19 de junho e para 20,8% no último dia do mês. Contudo, o volume útil da Represa Jacareí já havia zerado em 3 de junho.

A mensuração do total das precipitações chuvosas em todo o mês de maio de 2014 em Campinas registrara meros 26,1 $mm$, inferior à média histórica de 63,5$mm$. 90% dos domicílios da região atendidos pela *Sabesp* com as águas armazenadas no Sistema Cantareira haviam reduzido seu consumo no fechamento do mês.

**Situação hídrica das Regiões Metropolitanas de São Paulo e de Campinas: de "alarmante" à "desoladora"**

O Rio Atibaia, que continuava recebendo apenas $3m^3/s$ do Sistema Cantareira, deparava-se no mês de junho de 2014 com a vazão em pleno descenso: $6,22m^3/s$ no dia 10, $5,29m^3/s$ no dia 16, $4,56m^3/s$ no dia 22 e $3,77m^3/s$ no dia 24, exatamente no ponto de captação da SANASA.

Entretanto, a direção técnica da empresa campineira de saneamento básico suportou o episódio sem arrefecer o ânimo por entender que: a) naquele dia 24 de junho a vazão do Atibaia esteve muito oscilante; b) mesmo tendo sua vazão declinado à marca drástica de $3,77m^3/s$, esta ficara abaixo dos $3,5m^3/s$ então captados pela SANASA para abastecer Campinas; c) a SANASA e a Prefeitura Municipal de Campinas finalmente haviam conseguido que o Sistema Cantareira disponibilizasse $1m^3/s$ a mais para o principal manancial de água bruta de Campinas.

De qualquer modo, a tal queda abrupta do Rio Atibaia deixou Campinas em estado de alerta. Ela não podia estar sendo provocada pela Usina Hidrelétrica de Salto Grande, entre Atibaia e Campinas, pois a SANASA e a CPFL já haviam acordado que a vazão do Atibaia priorizaria o abastecimento humano de água além de manterem contatos permanentes. Isto impeliu a SANASA a investigar as mencionadas quedas repentinas e bruscas, pois acontecia de quando em quando ora em torno do meio-dia, ora por volta das 18:00 horas.

No dia 10 de julho, técnicos da SANASA e do DAEE sobrevoaram o Rio Atibaia desde o ponto de captação da empresa campineira de águas até a Represa Atibainha com o intuito de detectarem os pontos de captação existentes nas imediações. Suspeitava-se que estaria ocorrendo retiradas ilegais ou exacerbadas no Rio Atibaia para guarnecer açudes ou reservatórios particulares a ponto de causar a diminuição de seu fluxo nas instalações de captação da SANASA e a jusante. Uma das suspeitas era que o Departamento de Água e Esgoto de Jundiaí estava desviando, sem licença, 500l/*s* de água do Rio Atibaia para abastecer a fábrica local da Coca-Cola. No final, foram detectados sessenta e um pontos de captação ao longo de 150 km de extensão nas margens deste curso de água, sendo que quarenta e um deles eram irregulares, o que lhes acarretou autuações. Já ao longo do Rio Jaguari, que contribui com 5% da água abastecida aos domicílios de Campinas, dos cento e vinte e seis e pontos de captação detectados, oitenta e quatro eram ilegais.

Em fevereiro de 2015, o DAEE começou a intensificar a fiscalização das captações ao longo do Rio Atibaia. No total dos corpos d'água que compõem as bacias do PCJ, o DAEE constatou 87,8% pontos de captação irregulares.

Como o Presidente da SANASA, Dr. Arly de Lara Romêo, advertiu: "cuidar do Atibaia é uma questão ambiental e a empresa campineira de saneamento básico tem o dever de evitar que se retire água do nosso rio sem responsabilidade". Segundo Romêo, "é preciso utilizar de forma racional e solidária todos os recursos hídricos de que dispomos para preservá-los para as nossas futuras gerações".

De acordo com o Doutor em Engenharia Hidráulica, Antônio Carlos Zuffo, cem dias era o prazo final para a duração da reserva de água bruta da primeira cota do "volume morto" do Sistema Cantareira, caso a estiagem perdurasse e ainda vigorassem os volumes que vinham sendo captados para o abastecimento das regiões metropolitanas de São Paulo e de Campinas. A Sabesp, no entanto, contraditava o professor e pesquisador da Unicamp, reiterando que o Cantareira seria capaz de suprir a demanda das referidas metrópoles até março de 2015. Entretanto, passado o mês de agosto de 2014 e nada da chuva cair no Estado de São Paulo, o governador Geraldo Alckmin já falava que o Sistema Cantareira asseguraria o abastecimento da megalópole São Paulo-Campinas até, no máximo, o final do ano, isso imaginando que não chovesse até então.

A pluviometria acumulada no mês de junho no Estado de São Paulo costumava consagrar historicamente a média de 56*mm*, mas no ano de 2014 o registro foi de 15,8*mm*, o menor volume de chuvas que sobre a região em oitenta e quatro anos.

Quarenta e três bilhões de litros dos reservatórios do Sistema Cantareira haviam se esvaído, deixando-o com 20,8% de sua capacidade total de reservação, posto que havia ocorrido um aumento de 64% na sua retirada em relação ao início do mês. A *Sabesp* anunciava, então, que iniciaria em breve a retirada dos 78,15 milhões de metros cúbicos da segunda cota da água do "volume morto" da Represa Atibainha, em Nazaré Paulista. A empresa de águas do Estado de São Paulo, no entanto, ficou impedida de captar a água desta segunda reserva estratégica do Atibainha por uma liminar expedida pelo Juiz da 3ª Vara Federal de Piracicaba, Miguel Florestano Neto, a pedido dos ministérios públicos Federal e Estadual (com a Agência Nacional das Águas por detrás), a qual só seria derrubada, a pedido da *Sabesp* e do Governo do Estado de São Paulo, pelo Presidente do Tribunal Regional Federal, Fábio Prieto, em 16 de outubro de 2014.

Este embate que ocorria no campo jurídico, na verdade era uma repercussão das disputas político-eleitorais no Brasil num ano de eleições diretas para Presidente da República, governadores de estado, senadores e deputados federais e estaduais. A ANA representava o PT e seus aliados, enquanto o Presidente do Tribunal Regional Federal e a *Sabesp* representavam o PSDB e seus aliados.

Na primeira quinzena do mês de julho, toda a água armazenada no Sistema Cantareira descia para 19,1% e a vazão do Rio Atibaia refluía para 4,37m³/s, bem menos que a sua média histórica de 15,3m³/s.

Em Nova Odessa, a <u>Represa Recanto I</u> contava com 50% de água armazenada, enquanto que a Represa Recanto II dispunha de apenas 10%, chegando na primeira quinzena de outubro com apenas 1,21%. A prefeitura cortou o abastecimento de água aos domicílios das 21hs às 5hs cotidianamente.

Na cidade de Sumaré, o Rio Atibaia mal chegava a 1,20*m*, o que subtraía da Represa do Marcelo 60% de seu volume armazenado. A situação só não se agravou porque a população sumareense havia conseguido reduzir o consumo de água tratada em 21,40% em junho de 2014, comparado com o mesmo mês do ano anterior.

Em Artur Nogueira, a maior represa da cidade resistia com 20% de sua capacidade de reservação.

Os domicílios da cidade de Santa Rita do Passa Quatro já sofriam com cortes diários no fornecimento de água tratada que duravam mais de 10 horas.

Em Santa Cruz das Palmeiras o corte no abastecimento domiciliar de água tratada durava 11 horas por dia, ao passo que o intervalo em Nova Odessa aumentava para 13 horas e o de Casa Branca era de 14 horas.

Em Pereiras, a população da cidade era abastecida quatro horas por dia com as águas de quatro poços profundos, uma vez que único manancial superficial da cidade, o Ribeirão das Conchas, havia secado e a unidade de captação e de tratamento de água bruta neste curso d'água já não funcionava há meses. Na realidade, a unidade de captação e de tratamento de água bruta de Pereiras ficou seis meses paralisada.

A Prefeitura de Marília aplicava nove milhões de Reais para perfurar poços, comprar bombas e instalar tubulações para aprovisionar o seu sistema de abastecimento público de água tratada.

A população de Saltinho era a que vivia então a situação mais inquietante de todas as cidades paulistas. 21 horas sem água, todos os dias. Os seus dois reservatórios mal chegavam a 10% de água bruta acumulada. A Prefeitura Municipal contratou os serviços de uma firma de caminhões-pipa não para enchê-los, mas apenas para evitar que secassem por completo.

Na segunda quinzena do mês de julho, o volume útil do conjunto dos reservatórios do Sistema Cantareira declinava para 18,43%, o que tecnicamente deixava-o zerado, totalmente dependente da primeira cota de seu "volume morto" para efetuar o abastecimento das regiões metropolitanas de São Paulo e de Campinas, mormente destas últimas. Era a primeira vez em sua história que o Sistema Cantareira chegava a esta situação de insuficiência. A cada dia que passava, a situação se complicava, pois a adição do "volume morto" ao sistema Cantareira que havia principiado, desde 15 de maio, com 18,5% a mais, também reduzia-se para 15,8% em 28 de julho.

Vaticinavam algumas vozes que: 1-) o tal "volume morto" expiraria em cem dias; 2-) as chances do Sistema Cantareira em acumular volume suficiente para sair da crise hídrica até o final de abril de 2015 eram de meros 25%; 3-) se porventura a região passasse por mais uma estiagem no Verão de 2014-2015, a recuperação total do Cantareira levaria de sete a dez anos; 4-) especialmente as cidades pertencentes ao PCJ não sobreviveriam a um inexorável racionamento forçado e generalizado em 2014 e 2015; 5-) Caso a estiagem predominasse no verão de 2015-2016, mantendo a média das precipitações chuvosas abaixo de 50%, o Sistema Cantareira ficaria subordinado ao seu "volume morto" até, no mínimo, o fim de março de 2016.

Acrescente-se a este quadro crítico do Sistema Cantareira, as quedas consecutivas no nível do conjunto dos reservatórios do Sistema do Alto Tietê, o qual chegava, em 30 de julho, a 21,2% de sua capacidade total.

O Rio Tietê, passava pela cidade paulista de Salto com o seu leito oito metros mais baixo do que o usual. Rochas que as águas antes escondiam, ficaram a olhos vistos. A outrora imponente cachoeira de Salto, seu mais importante ponto turístico situado no centro da cidade, era nada mais nada menos do que um fio d'agua, ou pior, um fio de espuma poluída. Todo o tipo de resíduo sólido depositado há tempos no leito daquele trecho urbano do Rio Tietê ficou à mostra. Quando dez funcionários da Prefeitura saltense realizaram a limpeza de sua calha e margens durante a estiagem, o montante de lixo dali retirado em vinte dias era inaudito: 18,2 toneladas.

Para anuviar ainda mais este cenário tenebroso do drama hídrico exibido no Estado de São Paulo em julho de 2014, os reservatórios das usinas hidrelétricas do Sudeste e Centro-Oeste do Brasil estavam, no final do mês, com seus níveis bastante baixos, perto de 31% de sua capacidade, o que lhes causava um déficit na produção de energia elétrica, obrigando os paulistas a importar 23,5% da energia produzida na região Sul do país. Com o passar do tempo, a situação só pioraria, pois, em setembro, os níveis de armazenamento de água dos referidos reservatórios do Sudeste brasileiro indicavam, pela primeira vez em sua história, 27%. E, desgraçadamente, segundo as projeções para novembro dos técnicos do

Operador Nacional do Sistema (ONS), o pior estava por vir caso o período chuvoso da Primavera e Verão de 2014-2015 não voltasse à normalidade, fazendo com que o nível médio de reservação de água das represas das referidas usinas ficasse com meros 20% ou menos, culminando, enfim, num racionamento de energia elétrica em 2015. Tal prognóstico dos técnicos da ONS falhou apenas no *timing*, pois já no final de outubro o nível médio das represas das usinas hidrelétricas do Sudeste e Centro-Oeste era de 18,8%.

Uma vez que em junho a defluência (i.e. o total do volume de água retirado) do Sistema Cantareira foi 446% maior do que a vazão afluente em decorrência das baixas precipitações pluviais, o Ministério Público Federal, em São Paulo, reclamava do governo estadual a promulgação imediata do racionamento generalizado de água nas regiões abastecidas pelo Sistema. A *Sabesp* rejeitava tal ação e reforçava que o Cantareira não apenas escaparia de um colapso no segundo trimestre de 2014, mas também lograria abastecer as regiões metropolitanas de São Paulo e de Campinas até 2015 porque ainda disporia de mais 116 bilhões de litros da segunda cota do "volume morto" na Represa Atibainha, isso sem contar as demais represas. Por sinal, para aliviar o Cantareira da sobrecarga, a *Sabesp* já cogitava iniciar, em agosto de 2014, a retirada dos 15 bilhões de litros e dos 10 bilhões de litros respectivos aos "volumes mortos" das represas Jundiaí e

O volume de água útil armazenado no conjunto dos reservatórios do Sistema do Alto Tietê seguia um curso decrescente, declinando ao nível de 20,7% no segundo dia de agosto de 2014.

O sistema Cantareira terminava a primeira semana do mesmo mês com 14,4% de volume estocado.

A região de Campinas apresentava um índice de 15,1% na umidade relativa do ar na tarde do sétimo dia do mês. Uma massa de ar seco estacionada na região impedia a chegada de qualquer precipitação chuvosa ou elevação da umidade do tempo, prolongando assim a mais intensa estiagem de toda a sua histórica. O Rio Atibaia registrava uma vazão alarmante de 3,4m$^3$/s no ponto de captação da SANASA.

Porém, a Prefeitura de Campinas afastava categoricamente a possibilidade de decretar o racionamento de água no município por três razões: 1ª) conseguiu-se que o DAEE liberasse mais 33% de água do sistema Cantareira para as bacias dos rios Piracicaba Capivari e Jundiaí (PCJ), aumentando assim para 5m³/s a vazão do Rio Atibaia no ponto de captação da SANASA; 2ª) o consumo de água tratada e canalizada em Campinas havia decrescido 20% de março a agosto de 2014, ocasionando uma economia de 9 bilhões de litros por mês; 3ª) a SANASA refreava as perdas de água nos seus sistemas produtor e distribuidor, estabelecendo maior rigor na inspeção de entradas e saídas de água nas captações, nas ETAs e nos reservatórios urbanos, bem como nas suas tubulações de redes e de ligações.

Enquanto isso, uma em cada vinte pessoas, (equivalente a cerca de 2,1 milhões) residentes em cidades do Estado de São Paulo tinham de virar-se com o racionamento oficial, parcial ou generalizado, de água tratada e canalizada. A população total de 355 mil pessoas residentes em seis cidades abastecidas por corpos de água da bacia hidrográfica do PCJ – Cordeirópolis, Cosmópolis, Nova Odessa, Rio das Pedras, Valinhos e Vinhedo – passaram por cortes diários, de longas horas, no abastecimento de água tratada e canalizada.

Os cinco principais rios do Estado de São Paulo (Rio Grande, Moji Guaçu, Paraíba do Sul, Piracicaba e Tietê) estavam em meados de agosto de 2014 com suas vazões abaixo de 30%.

Quando o nível dos reservatórios do Sistema Produtor do Alto Tietê, em queda contínua, atingiu 16,9% de sua capacidade de reservação no dia 23 de agosto de 2014, do mesmo modo que seis dias depois o "volume morto" da represa Jaguari-Jacareí do Sistema Cantareira piorava para 11,3%, o falatório era que, na hipótese da estiagem encompridar, em sessenta dias findaria a água dali extraída para abastecer a Região Metropolitana de Campinas e parte da Grande São Paulo. O Governo do Estado de São Paulo contraditava este prognóstico dizendo que já tinha desenvolvido um plano para retirar 116 bilhões de litros da segunda cota do "volume morto" da Represa Atibainha, autorizado, aliás, pela ANA e o DAEE no dia 12 de agosto.

Em 31 de agosto, o índice da reserva de água bruta da primeira cota do "volume morto" do Sistema Cantareira era de 11%. 72% de seu volume já haviam sido captados para abastecer as regiões metropolitanas de São Paulo e de Campinas. O fluxo de água do Rio Atibaia exibia o índice de 4,8m$^3$/s graças à liberação de mais 1m$^3$/s da água armazenada no Sistema Cantareira. Entretanto, na semana anterior o nível do rio havia ficado tão baixo que a SANASA precisou diminuir a captação para 1,8m$^3$/s. Em todo o mês de agosto, a vazão do Rio Atibaia ficara 69% aquém da média histórica. A vazão do Rio Jaguari, por sua vez, não passava de 1,8m$^3$/s. O nível de reservação do Sistema do Alto Tietê declinava para 15,3%.

A quantidade total de chuvas no Estado de São Paulo ficou em 22,7*mm*, enquanto a média histórica do mês de agosto é de 36,9*mm*.

Em Bebedouro, a população já se resignava com os cortes diários no abastecimento de água tratada e canalizada das 10:00hs às 16:00hs. Ribeirão Preto registrava 99% a menos de chuva do que a sua média histórica, além de uma temperatura que movia-se de 28$^0$C a 34$^0$C. O padre da Catedral Metropolitana local, Francisco Moussa, rezou missa com a presença de oitocentos fiéis ribeirão-pretanos para pedir chuva a Deus, tal como se costumava fazer antigamente em épocas de seca no Estado de São Paulo, quando a rogação era feita no Latim *ad petendam pluviam*. (apud Felipe Tonon in *Correio Popular*, 30/08/2014).

A Prefeitura do município paulista de Aguaí decretou Estado de Emergência. Nesta cidade do interior paulista, o manancial que alimenta a única represa da cidade, o Rio Itupeva, ficou com seu nível 30% abaixo da media histórica. Os donos de fazendas situadas próximas ao Rio Itapeva obtiveram, do Governo do Estado de São Paulo, outorga para a captação de sua água. Com efeito, a represa de onde era bombeada 700 m$^3$/hora de água bruta para a Estação de Tratamento de água da cidade quase ficou completamente seca. Esta só pôde continuar sendo aproveitada para o abastecimento de água tratada e canalizada aos seus 32 mil habitantes, graças aos esforços das autoridades locais que instalaram provisoriamente um motor de irrigação e tubulações de 500 metros de extensão para a captação da água de uma antiga lagoa pertencente a uma pedreira inativa. A represa pôde então receber 180 m$^3$/hora de água bruta, mas, mesmo assim, a cidade teve que enfrentar racionamentos generalizados de nove horas de duração por dia, às vezes o dia inteiro, por 48 horas seguidas. O Prefeito de Aguaí suspendeu a outorga dada pelo Governo do Estado às fazendas adjacentes e impôs multa para quem não acatasse as medidas de racionamento oficial. Entretanto, o PCJ trabalhava junto ao DAEE para que fossem autorizadas outorgas especiais para que indústrias e produtores rurais pudessem captar temporariamente água subterrânea durante o período da estiagem.

No vizinho município de Tambaú, a população já vinha sofrendo com o racionamento de água, em dias alternados, desde o mês de abril. Num dia, uma metade da cidade ficava sem água por 24 horas, no outro dia a outra metade ficava assim pelo mesmo tempo. O nível da <u>Represa 1</u> correu o perigo de ficar com menos de 1,00 m de sua capacidade, a <u>Represa 2</u> literalmente secou. Alguns bairros ficaram sem água por quatro dias consecutivos. Os que podiam trataram de estocar grande quantidade de água em casa. O prefeito não teve outra saída senão a de decretar Estado de Calamidade Pública. O abastecimento da população tambaense ficou na dependência de dez caminhões-pipa que todos os dias enchiam seus tanques de 30 mil litros com a água do Rio Macuco para despejá-la na <u>Represa 1</u> e esta bombeá-la para a Estação de Tratamento de Água para esta aduzi-la para o único reservatório da localidade, o qual abastecia então os domicílios urbanos.

No início de setembro de 2014, na ocasião em que o volume de armazenamento da primeira cota do "volume morto" do Sistema Cantareira baixou para 10,5%, também estavam em Estado de Calamidade Pública as cidades de Artur Nogueira, Casa Branca e Cordeirópolis. Os municípios de Iepê, Santo Antônio de Posse e Valinhos decretavam Estado de Emergência.

Quando o Cantareira contava cem dias consecutivos de queda no volume total de água bruta armazenada em seu sistema de reservação, a vazão do Rio Atibaia, em Campinas, voltava a cair para $3,5 m^3/s$ no dia 2 de setembro, o Governo do Estado de São Paulo anunciava que em outubro reduziria a retirada de água do Sistema Cantareira de $19,7 m^3/s$ para $18,1 m^3/s$, diminuindo ainda mais, em novembro, para $17,1 m^3/s$.

Pela primeira vez em toda a crise hídrica de 2013-2015 e em toda a sua história, o nível de reservação do Sistema Cantareira ficava abaixo de 10%, chegando a 9,89% no dia da Independência do Brasil no ano de 2014. 69% da primeira cota de seu "volume morto" já havia sido consumido. Vinte dias mais tarde, o nível do Cantareira tombava para 7,1% e o Rio Atibaia, em Campinas, delongava-se em 3,4%.

Especialistas em hidrologia conjecturavam que a primeira cota do "volume morto" do Cantareira findaria nos primeiros quinze dias de novembro. Para manter o abastecimento de parte da população da Grande São Paulo (6,2 milhões e não mais os 8,8 milhões) que habitualmente vinham recebendo água tratada captada somente no Sistema Cantareira, a *Sabesp* fazia a transposição em redes dos sistemas interligados do Alto Tietê e do Guarapiranga.

Mais problemas surgiriam porque, em inícios de novembro de 2014, os níveis de reservação destes dois sistemas já estavam baixos: 37,5% para o Guarapiranga e 7% para o Alto Tietê, respectivamente responsáveis pelo abastecimento de 4,9 milhões e de 4,6 milhões de habitantes da Região Metropolitana de São Paulo. No dia seguinte, dois promotores do Ministério Público Estadual entraram como uma ação civil pública para suspender a transposição de água do Sistema Alto Tietê para o Sistema Cantareira, determinando, inclusive, que o primeiro sistema chegasse em abril de 2015 com, no mínimo, 10% de sua reserva útil.

O jornal *Correio Popular* de Campinas noticiava em 2 de outubro de 2014 que, pela primeira vez em sua história, a principal nascente do Rio São Francisco havia secado. Situada no Parque Nacional da Serra da Canastra, em Minas Gerais, esta nascente deixava o "Velho Chico" com uma vazão 55% menor do que o normal nos arredores da Hidrelétrica Três Marias.

No oitavo dia do mês de outubro de 2014, o nível do volume útil da Represa Atibainha, de 25 km², a segunda maior do Sistema Cantareira, declinava para 1,46%. O nível de reservação da primeira cota de água do "volume morto" do Reservatório Jaguari-Jacareí estava em 5,5%, o seu maior recorde negativo. O volume reservado do Sistema do Alto Tietê estacionava nos 11,1%.

No dia seguinte, a vazão do Rio Atibaia, em Campinas, caía para 3,29m³/s. Numa demonstração de solidariedade, o Departamento de Água e Esgoto de Jundiaí interrompeu a transposição de água do Rio Atibaia para o Rio Jundiaí-Mirim durante cinco horas por três dias. A SANASA anunciava que suspenderia a captação de água bruta no Rio Atibaia por cinco horas por dia, além de diminuí-la em 20% na hipótese de que o Cantareira ficasse abaixo de 5%.

Devido ao aumento do consumo de água decorrente do calor de 37°C que escaldava Campinas em 13 de outubro, a vazão do Rio Atibaia despencou para 2,8m³/s. Destarte, a concentração de poluentes aumentava, deixando o Rio Atibaia com um nível insuficiente de oxigênio, o que fez com que as instalações de captação e adução da SANASA trabalhassem com 60% de sua capacidade. As Estações de Tratamento de Água 3 e 4 deram uma pausa nas suas atividades para instalarem mais bombas dosadoras de cloro. Tudo isso acabou culminando na falta de água tratada e canalizada em alguns bairros remotos de Campinas por um, dois ou três dias. Nos bairros em que as residências não possuíam caixas de água ou, no caso de possuírem eram muito pequenas, como, por exemplo, no bairro Nossa Senhora Aparecida, houve moradores que ficaram três dias sem receber água tratada e canalizada, como foi o caso de dona Lúcia Silva da Gama e do senhor Florisvaldo Dias da Gama que não puderam tomar banho neste período. A SANASA logo providenciou o envio de onze caminhões-pipa para este e outros bairros periféricos onde houve lapso no abastecimento.

Entretanto, para que nenhum bairro de Campinas ficasse absolutamente sem abastecimento de água tratada e canalizada por mais de 24 horas, a SANASA adotou um racionamento moderado e breve, fazendo revezamentos no abastecimento domiciliar ao interrompê-lo por doze horas em determinada(s) zona(s) para que outra(s), em situação mais crítica, pudesse(m) ser abastecida(s) e assim por diante. Somada a todas estas adversidades que se sucediam na primeira quinzena de outubro de 2014, a enorme desproporção entre o consumo de água tratada e canalizada da população campineira (que era então de 4,1 mil *l/s*) e a capacidade de tratamento da água captada no Rio Atibaia pela SANASA naquela (que era de 2,65 mil *l/s*) acabou alargando o problema do desabastecimento na cidade de Campinas.

Diante desta conjuntura antagônica, mais uma vez, em 13 de outubro, o Governo do Estado concedeu à Campinas uma complementação de 0,5m³/s da vazão do Sistema Cantareira para o Rio Atibaia.

O Sistema Cantareira registrava, então, 4,7% de sua capacidade de reservação.

A prefeitura Municipal de Vinhedo decretava Estado de Emergência posto que a empresa de saneamento básico do município (a *Sanebavi*) havia interrompido a captação de água bruta no Rio Capivari, diminuindo em 52% a produção de água tratada na sua ETA da Vila Planalto. As piscinas públicas de Vinhedo foram fechadas e o prefeito determinava que a *Sanebavi* captasse água bruta em reservatórios situados em propriedades rurais particulares. Em Nova Odessa a prefeitura dava início à captação do "volume morto" da <u>Represa I</u>.

O número de habitantes do Estado de São Paulo que sofria com o racionamento oficial, parcial ou integral, de água tratada e canalizada subia de 2,1 milhões, em agosto, para 2,8 milhões em setembro.

Guarulhos, Mauá, Itu e Valinhos eram as cidades que então mais amargavam com racionamento. Na capital paulista, cerca de 2,5% de sua população sofria com o corte diário no abastecimento de água tratada e canalizada, principalmente à noite. Para incomodar ainda mais a população da Capital paulista, a baixa pluviosidade prosseguia, com umidade relativa do ar entre 18% e 30%, e as temperaturas ficavam insolitamente acima do padrão da Primavera, atingindo 36°C em 13 de outubro. No mesmo dia, na cidade do Rio de Janeiro, a temperatura ultrapassava os 41°C.

No trecho entre as cidades paulistas de Americana e Limeira, o Rio Piracicaba chegava ao seu menor nível em cento e cinquenta anos, com apenas 0,82 centímetros e com uma vazão de 5m³/s, o que era propício para a sua eutrofização. Americana acabou decretando racionamento oficial generalizado, em 14 de outubro, com esquemas de revezamento.

Em meados de outubro de 2014, quase 14 milhões de moradores de 68 cidades paulistas abastecidas pela *Sabesp* já sofriam com cortes parciais ou integrais no fornecimento de água tratada e canalizada, sem contar os habitantes de São Paulo-Capital. O sistema de rodízio no provimento de água tratada já estava oficialmente em vigor em 56% destes municípios, atingindo mais de dois milhões de pessoas.

De um total de 282 cidades paulistas cujo sistema de abastecimento e de saneamento não era realizado pela *Sabesp*, cinquenta e quatro delas, listadas logo abaixo, já padeciam com racionamento oficial, total ou parcial, de água em outubro de 2014:

Aguaí, Águas de Lindoia, Américo Brasiliense, Araras, Ariranha, Barretos, Batatais, Bauru, Bebedouro, Casa Branca, Cordeirópolis, Cosmópolis, Cravinhos, Cristais Paulista, Cruzeiro, Dobrada, Dois Córregos, Guaiçara, Guararapes, Guarulhos, Indaiatuba, Itápolis, Itapura, Itu, Jardinópolis, Mauá, Mirassolândia, Morro Agudo, Neves Paulista, Nova Odessa, Nuporanga, Paraíso, Patrocínio Paulista, Pereiras, Pitangueiras, Rio das Pedras, Saltinho, Salto, Santa Cruz das Palmeiras, Santa Fé do Sul, Santa Isabel, Santa Rita d'Oeste, São Joaquim da Barra, São José do Barreiro, São Pedro, Sorocaba, Taiúva, Tambaú, Uchoa, Urupês, Va-linhos, Vargem, Vera Cruz.[1]

Nesta altura dos acontecimentos, foi entregue ao então Secretário Estadual de Recursos Hídricos, Benedito Braga, o "Manifesto pela Sustentabilidade Hídrica das Bacias PCJ", que havia sido aprovado em seminário na Câmara Municipal de Campinas, no dia 22 de setembro de 2014, com a posição da região sobre a nova outorga do Cantareira. No documento constava que as cidades das bacias dos rios Piracicaba, Capivari e Jundiaí (PCJ) reivindicavam a liberação de, no mínimo, 10 metros cúbicos por segundo (o dobro da atual outorga) do Sistema Cantareira para os rios Jaguari e Atibaia. A nova outorga duraria dez anos, mas com revisão em cinco, para verificar se as condicionantes foram cumpridas. Uma delas era a construção das represas de Duas Pontes e

---

[1] Vinhedohttps://andradetalis.wordpress.com/tag/agua-mineral/

Pedreira, como novas fontes para ampliar a sustentabilidade hídrica das cidades integrantes das bacias PCJ.

Ao divulgar, em junho de 2015, o quarto relatório de sustentabilidade da SANASA, o seu Presidente, Dr. Arly de Lara Romêo, reiterava a demanda do referido manifesto de 2014 do Consórcio do PCJ pela sustentabilidade hídrica dos municípios integrantes, afirmando que "a sustentabilidade hoje diz respeito à questão econômica das empresas, aos direitos humanos e à preservação do meio ambiente".

Como já nos referimos anteriormente, a *Sabesp*, a partir de 16 de outubro, ficou judicialmente desimpedida para captar a água da segunda "reserva profunda" do Sistema Cantareira, na Represa Atibainha. No entanto, enquanto não se concluía os últimos acertos para que ficassem definidos todos os parâmetros quantitativos e qualitativos para a captação eficiente desta segunda cota do Cantareira pela *Sabesp*, esta e a ANA encetavam uma guerra psicológica sem fim nos meios de comunicação do país. A ANA dizia que a coleta da segunda cota do sistema Cantareira era uma "pré-tragédia" e que, caso a estiagem se esticasse nos meses seguintes, só sobraria lodo para abastecer São Paulo. Os representantes do governo paulista retrucavam dizendo que o Presidente da ANA, Vicente Andreu Guillo, estava disseminando o "pânico" nos habitantes do Estado de São Paulo, que vinham sofrendo muito com a maior crise hídrica do século. Para os paulistas peessedebistas, Andreu Guillo estava aproveitando-se do contexto que antecedia o segundo turno das eleições gerais no Brasil para fazer campanha política para o PT. O governador reeleito no primeiro turno, Geraldo Alckmin, ironizou a menção ao "lodo" feita por Vicente Andreu Guillo, uma vez que até ele sabia que o "volume morto" do Sistema Cantareira poderia ainda dispor de uma terceira cota.

Enquanto a ANA e a Sabesp, o Governo Federal e o Governo Estadual paulista protagonizavam esta renhida altercação ao longo do mês de outubro de 2014, o conjunto dos reservatórios do Sistema Cantareira esturricava com um nível de reservação de 3% a 3,2%.

Concomitantemente, o nível do volume útil armazenado no Sistema do Alto Tietê caía para 8,5%, o que já afetava o abastecimento de cidades atreladas a este sistema, como, por exemplo, Ferraz de Vasconcelos e Suzano.

**O fim da primeira cota do "volume morto" do Sistema Cantareira e início da captação da segunda cota**

O mês de outubro de 2014 chegava ao seu final com um índice de pluviosidade 78% menor do que o previsto pelo *Cepagri-Unicamp* e o calor aumentava. Dos 120 *mm* de águas pluviais esperados pelos institutos de meteorologia locais, só caíram na Região Metropolitana de Campinas 17 *mm*. Foi o outubro mais seco e quente da história de São Paulo desde 1930. A afluência do Sistema Cantareira alcançou 10,7 bilhões de litros de água, ao passo que a defluência foi de 60,5 bilhões de litros.

O professor da Faculdade de Engenharia Civil da Unicamp, Antônio Carlos Zuffo, previa que a Região Metropolitana de Campinas viraria uma "grande Itu" na segunda quinzena de janeiro de 2015 caso a pluviosidade do Verão persistisse no mesmo nível do mês de outubro, bem abaixo de sua média histórica.

Em vista de tudo isso, o Governo do Estado de São Paulo, através da *Sabesp*, decidiu ampliar a concessão de bônus para os seus usuários que diminuíssem o consumo de água tratada e canalizada. Desta forma, além dos domicílios que já vinham recebendo um desconto de 30% na sua conta mensal de água caso tivessem economizado no mínimo, 20% no seu consumo mensal, para aqueles que reduzissem o consumo entre 10% e 15%, seria dado um desconto de 10% e os que economizassem entre 15% e 20%, receberiam um desconto de 20%. Segundo dados divulgados pela própria *Sabesp*, de setembro a novembro de 2014 o percentual de seus usuários que reduziram entre 15% e 20% o consumo de água tratada e canalizada passou de 49% para 53%, culminando numa economia de 4,1 mil litros de água por segundo.

Com o intuito de priorizar o abastecimento de água tratada e canalizada para o consumo humano na Região Metropolitana de São Paulo, o governo paulista também decidiu reduzir a vazão de água da Represa Billings para a Usina Hidrelétrica Henry Borden que fornece energia elétrica para a Baixada Santista. Aliás, na verdade o Poder Executivo estadual já entrevia que a Represa Billings, com cerca de 59% de água armazenada, poderia vir a ser uma opção contingencial viável para evitar o desabastecimento da Grande São Paulo caso as reservas dos sistemas Guarapiranga e Alto Tietê findassem, resguardando assim o Sistema Cantareira.

No dia 24 de outubro, dois dias antes da realização do segundo turno da eleição para a Presidência da República do Brasil, a *Sabesp* havia passado a contabilizar no volume total do Sistema Cantareira os 106 bilhões de litros de água bruta da segunda cota de sua "reserva profunda", acumulados na Represa Atibainha, embora este volume ainda não tivesse sido bombeado para a utilização efetiva no abastecimento domiciliar de São Paulo. Mesmo assim, desde então anunciava-se para o público que a nova medição de água disponível no Sistema Cantareira para o abastecimento domiciliar das regiões metropolitanas de São Paulo e de Campinas era de 13,7%. A ANA acusava a *Sabesp* de já ter iniciado açodadamente o bombeamento em outubro sem que tivesse havido um acordo entre ambas.

Com ou sem aprovação da ANA, tendo ou não a *Sabesp* iniciado verdadeiramente o bombeamento da segunda "reserva profunda" do Cantareira na primeira quinzena de outubro, o fato é que a decisão para a sua captação era sim estratégica para a sobrevivência do Sistema, pois lhe injetaria mais 10,7% de água bruta destinada ao abastecimento das regiões metropolitanas de São Paulo e de Campinas até março de 2015, conforme previa o Governo do Estado.

Se o nível de reservação do Sistema Cantareira estava com 3% de sua capacidade total antes de computado os 10,7% da segunda cota de seu "volume morto", então ao iniciar mês de novembro o sistema indicaria um volume armazenado de cerca de 13,7%. Entretanto, a situação real não era esta, pois, devido à irregularidade do clima, desde o dia 30 de outubro o seu volume de acumulação já havia caído para 12,7%, novamente com reflexos no Rio Atibaia, que voltava a fluir com níveis baixos de 3,8m³/s a 4,2m³/s nos últimos cinco dias do mês.

Mesmo as chuvas que caíram sobre o Estado de São Paulo nos primeiros cinco dias de novembro de 2014 não foram suficientes para que os volumes dos reservatórios do Cantareira e do Alto Tietê começassem a se recuperar, vale dizer, a aumentar. Para que isso deveras acontecesse, era preciso que tivesse chovido continuamente por, no mínimo, dez dias consecutivos. Como as chuvas não afluíram então desta maneira – e como o lençol freático absorve entre 30 a 40% do volume da água pluvial – o que ocorreu foi o chamado "efeito esponja". O lençol freático começou a acumular a água da chuva que caía em novembro nas regiões do Cantareira e das cidades de São Paulo e de Campinas, mas não pode fazê-lo com eficácia de modo a provocar a elevação de água dos níveis úteis de todos os corpos de água e reservatórios do sistema. Destarte, o volume de água armazenado no Sistema Cantareira não passava de 12,7% no limiar de novembro e voltaria a cair ainda mais para 11,4% no dia 9 do mês, continuando a declinar para 10,3% no dia 17, perpetrando assim sete meses só de quedas em seu nível.

Na Região Metropolitana de Campinas, o Serviço de Água e Esgoto de Artur Nogueira (*Saean*), com duas de suas represas completamente secas, decidiu racionar na cidade o abastecimento domiciliar de água tratada e canalizada, interrompendo-o por 24 horas após fornecimento de 12 horas.

Já Indaiatuba, descontinuava o rodízio no abastecimento domiciliar de água tratada e canalizada.

E a água do Rio Atibaia, em Campinas, conseguia novamente cobrir as pedras de seu leito, inteiramente visíveis desde fevereiro último, atingindo uma vazão de 6,30m³/s, a maior desde 30 de setembro de 2014. Ainda assim, no dia 9 de novembro, integrantes do *Movimento Reviva o Rio Atibaia* fincaram cruzes brancas em várias partes do leito do rio para chamar a atenção da população de que o seu nível ainda estava baixo e continuava crítico. Também pudera, a vazão média do Atibaia no mês de outubro não havia ultrapassado 4m³/s, infinitamente inferior à sua média histórica de 15,72m³/s.

Em que pese algumas chuvas tivessem voltado a cair de quando em quando no Estado de São Paulo no mês de novembro de 2014, o nível de reservação do "volume morto" do Sistema Cantareira voltou a declinar sucessivamente, sinalizando 11,1% no dia 10 e 9,4% no dia 24, estando aí incluídos os 10,7% da segunda cota que haviam sido virtualmente adicionados em outubro. Concomitantemente, a vazão do Rio Atibaia, em Campinas, baixava de 5,8m³/s para 3,2m³/s, o volume útil do Sistema Alto Tietê declinava para 6,1% e o total do volume útil dos reservatórios das usinas hidrelétricas do Vale do Paraíba, apontava para a maior crise hídrica dos últimos 90 anos na região. A Represa do Jaguari se segurava com 9,01% e a do Funil com 9,17%. Já nas represas de Paraibuna e de Santa Branca restavam respectivamente apenas 4,48% e 3,13% de suas reservas úteis.

Especificamente na região de Campinas, mais cidades, como as de Salto, de Santa Bárbara d'Oeste e Iracemápolis, davam início a interrupções momentâneas diárias no abastecimento domiciliar de água tratada e canalizada em determinados horários à tarde e à noite. Inimaginavelmente, estas cidades começavam a restringir o abastecimento domiciliar de água tratada e canalizada exatamente num período do ano frequentemente chuvoso e quente. Os moradores de alguns bairros de Santa Bárbara d'Oeste chegaram a ficar oito dias seguidos sem abastecimento de água tratada e canalizada. Com isso, o total de pessoas desta região que sofriam cortes no abastecimento de água em seus domicílios girava em torno de 800 mil.

A *Sabesp* informava que 110 mil de seus usuários nos municípios Hortolândia, Itatiba Monte Mor Morungaba e Paulínia haviam reduzido o consumo de água em outubro e novembro. De setembro a novembro, os domicílios residenciais de Nova Odessa diminuíram de 9 milhões de litros para 8 milhões o consumo diário de água tratada e canalizada.

Em todo o Estado de São Paulo, o número de cidades que passavam por procedimentos de racionamento parcial ou integral, pontual ou generalizado, de água tratada e canalizada, já somava quarenta ou, em outros termos, dois milhões de pessoas.

Novembro de 2014 chegava no seu último dia com um montante de 135 *mm* de precipitações chuvosas sobre as represas do Cantareira, em São Paulo, abaixo de sua média histórica que vinha sendo de 161,2*mm*. Somavam oito meses que déficit se repetia consecutivamente. A entrada de água no Sistema Cantareira foi então de 14,5 bilhões de litros enquanto que a retirada foi de 48,4 bilhões.

No nono dia do mês de dezembro de 2014, o nível do "volume morto" do Sistema Cantareira despencou para 7,6%. 75% de seu total já haviam sido extraídos neste contexto de vinte e seis dias ininterruptos sem chuvas. Noventa e seis horas mais tarde, o volume útil do Sistema Alto Tietê encolhia para o nível mais baixo de sua história, de 4,1%, mantendo um ritmo por demais acelerado no seu declínio que o deixava, desde os últimos dez dias de novembro, abaixo da "reserva estratégica" do Sistema Cantareira. Caso não chovesse mais do que o normal em dezembro, já se falava num possível colapso do Sistema Alto Tietê até janeiro, antes mesmo do Cantareira, o que prejudicaria o abastecimento de água de 4,5 milhões de habitantes da capital paulista.

Frente a esta situação, o Governo do Estado de São Paulo dava os primeiros passos no sentido de obter junto ao DAEE autorização para a captação do "volume morto" do Sistema Alto Tietê. Tão logo lhe foi concedida tal autorização, no dia 14 de dezembro a *Sabesp* iniciou a adução de 39,4 bilhões de litros de água do total de 500 bilhões de litros da "reserva profunda" da Represa Ponte Nova, de Salesópolis, elevando o nível do Sistema Alto Tietê para 10,7%. A bem da verdade é incorreto chamar de "volume morto" ou "reserva profunda" este montante de água da Represa Ponte Alta adicionado ao Sistema Alto Tietê, pois tratava-se de um volume útil, disponível na sua superfície, por sinal acidentada, cuja magnitude era desconhecida pela *Sabesp*.

A vazão do Rio Atibaia, no ponto de monitoramento da SANASA, em Valinhos, minguava com 2,6m³/s e o abastecimento da cidade de Campinas só pôde ser efetuado porque Jundiaí havia interrompido a captação neste curso d'água e porque, mais uma vez, o Cantareira liberou mais 0,5m³/s para o Atibaia.

No mesmo dia, o Estado de Emergência havia sido decretado em Santa Bárbara d'Oeste, ampliando o tempo dos cortes diários setoriais no abastecimento de água tratada e canalizada aos seus domicílios.

Por sorte, em 10 de dezembro, no mesmo dia em que a chuva voltou a cair volumosamente no Estado de São Paulo, o racionamento drástico de dez meses que vinha acometendo a cidade de Itu terminou. O montante de água que a empresa *Águas de Itu* havia conseguido retirar dos poços artesianos e reservatórios particulares de condomínios horizontais, fazendas e indústrias da região, mais as chuvas que caíram sobre o município em novembro, fizeram subir para 70% os níveis dos reservatórios públicos da cidade.

Inversamente, porém, o nível do "volume morto" do Sistema Cantareira voltava a descer para 6,7% em 19 de dezembro, o mesmo acontecendo com o volume médio do Sistema Alto Tietê, que tombou para 10,5%, e com os reservatórios da bacia do Rio Paraíba do Sul, cuja capacidade de reservação baqueava para 1,7% em 22 de dezembro.

A despeito de, na sequência, o Cantareira e as vazões dos rios da região de Campinas terem caído e subido várias vezes, oscilando muito nas três primeiras semanas de dezembro devido às chuvas inconstantes, no dia 24 as chuvas se intensificavam e o nível de reservação do Sistema Cantareira finalmente aumentava de 6,7% para 7%, depois de oito meses de quedas sucessivas, ao mesmo tempo em que a vazão do Rio Atibaia manteve-se proveitosa, dando enfim algum alento para as populações de São Paulo e de Campinas celebrarem as festas do final do ano de 2014 sem desprovimento de água.

Entretanto, o Estado de Alerta prosseguiria no município de Campinas, pois o bom montante de chuva de dezembro não ofuscaria o déficit pluviométrico de 25% na região em todo o ano de 2014 e as consequentes quedas no fluxo do Rio Atibaia.

Por falar em déficit pluviométrico, na região do Sistema Cantareira, a média de precipitações chuvosas em 2014 foi 37,8% menor do que a média anual verificada desde 1983, quando começaram a ser coletadas e sistematizadas pela *Sabesp*. Em termos numéricos, enquanto em 2014 choveu 965*mm*, de 1983 a 2013 o índice médio anual havia sido de 1551*mm*. Como resultado disso, no ano de 2014 o Sistema Cantareira perdeu 49,3% de seus estoques superficial e profundo de água bruta, equivalentes a um total de 492 bilhões de litros.

## 2015: O ANO DO COLAPSO HÍDRICO NO ESTADO DE SÃO PAULO ???

Em 5 de janeiro o Sistema Cantareira tinha a primeira queda do ano de 2015 no nível de seu "volume morto", operando então com 6,9% e com 5% no seu último dia. Visando atingir uma economia de, no mínimo, 20% no consumo de água dos domicílios residenciais e comerciais da Zona Norte da capital paulista, a *Sabesp* iniciara, em 7 de janeiro, a distribuição gratuita de 6,4 milhões de kits de redução de vazão de água nas torneiras. Para ampliar em 2,5m$^3$/s este contingenciamento no uso de água tratada e canalizada nos domicílios residenciais e comerciais da Grande São Paulo, no dia seguinte a *Sabesp* passaria a aplicar "tarifas de contingência" (i.e. sobretaxas ou multas) aos seus usuários, que variavam de 40% até 100%, dependendo do quanto consumissem a mais em comparação com a média de seu consumo mensal de fevereiro de 2013 a fevereiro de 2014, isentando os que consumissem menos de 10m$^3$/s. Como era esperado, dias depois a tal "tarifa de contingência" foi estendida para as cidades da Região Metropolitana de Campinas, abastecidas pela *Sabesp*. Além de tudo isso, a Companhia de Saneamento do Estado de São Paulo continuou com a redução de 75% na pressão da água nas redes de abastecimento da Grande São Paulo durante a noite e a madrugada, o que afetava perto de 800 mil pessoas. Afinal de contas, esta operação da *Sabesp* havia redundado numa economia de água em torno de 54%.

Como a média da temperatura girava em torno de 33$^0$C e como o volume total de 60*mm* das precipitações chuvosas estava, nos primeiros vinte dias de 2015, 21,9% abaixo do normal para o mês de janeiro na Grande São Paulo, os reservatórios de todos os seus sistemas, incluindo o Cantareira, indicavam um déficit diário de 2,5 bilhões de litros de água bruta. O que havia entrado até então nos sistemas de reservação e produção de São Paulo foi um irrisório montante de 7,9 mil litros por segundo, o menor de toda a sua história, pois a média das entradas de água no mês de janeiro costumava ser de 62,8 mil litros por segundo até 2013.

Acrescentando ainda que as previsões do tempo para os dias subsequentes não eram nada animadoras, no dia 14 de janeiro o então presidente da *Sabesp*, Jerson Kelman, declarava que 2015 iniciava com uma estiagem e um calor piores do que a do ano anterior, presumindo que, caso continuassem daquele modo, a segunda cota do "volume morto" do Cantareira acabaria dois meses depois. Além de aventar a exploração da "terceira cota" do volume morto do Cantareira, Kelman também falava de um presumível rodízio no abastecimento de água tratada e canalizada na Grande São Paulo, na mesma hora que o governador Geraldo Alckmin admitia que a capital paulista já arcava com "restrições" no abastecimento porque seu governo havia acatado a determinação da ANA para reduzir a retirada de água do Sistema Cantareira, de 33 m$^3$/s para 17m$^3$/s. Contudo, para o engenheiro sanitarista, José Roberto Kachel dos Santos, esta redução da retirada de água do Cantareira pela *Sabesp* teria sido insuficiente para evitar o agravamento da crise hídrica de 2013-2015.

Sincronicamente, o prefeito de São Paulo, Fernando Haddad, baixava uma ordem interna dispondo que as repartições públicas municipais reduzissem em 20% o consumo de água em relação ao mês de janeiro de 2014.

O nível médio do conjunto de reservatórios do Sistema Alto Tietê indicava um índice de 10% em 20 de janeiro de 2015. Quanto às represas da bacia do Rio Paraíba do Sul, estas haviam apresentado níveis médios de 2,6% no dia 8 de janeiro. No dia 21 de janeiro, o nível da maior destas represas, a do Paraibuna, chegava à zero, esvaziamento que também atingiu a Represa Santa Branca quatro dias depois, o que induziu o Governo do Estado do Rio de Janeiro a iniciar a exploração de seu "volume morto", endossada, por sinal, pela ANA. A crise hídrica encostava na Região Metropolitana do Rio de Janeiro e seus governantes, apesar de rechaçarem a adoção do racionamento, falavam, porém, em lançar uma campanha de conscientização pública para a população economizar o consumo de água tratada e canalizada e até em limitar o seu provimento para indústrias locais.

Na Região Metropolitana de Campinas, cerca de 490 mil pessoas ainda enfrentavam problemas com interrupções no abastecimento de água tratada e canalizada em suas residências. O Rio Atibaia arrastava-se com uma vazão de 3,5m$^3$/s, ao passo que a média histórica de sua vazão nesta época do ano vinha sendo, até janeiro de 2013, de 41m$^3$/s. Destarte, nas estações de tratamento de água da SANASA-Campinas a adição de cloro foi aumentada de 10*mg* para 60*mg* por litro de água.

No dia 22 de janeiro de 2015 entrava em vigor as novas regras de restrição para a exploração dos recursos hídricos dos cursos de água das cidades do interior paulista abrangidas pelas bacias dos rios Piracicaba, Capivari e Jundiaí (PCJ), em consonância com deliberação comum da Agência Nacional de águas (ANA) e do Departamento de Água e Energia Elétrica (DAEE). Em suma, tais regras determinavam que tão logo a vazão de um rio da região chegasse ao seu limite, as empresas de saneamento básico reduziriam suas captações em 20% e as empresas dos primeiro e segundo setores da economia restringiriam suas retiradas a, no máximo, 70%. No caso de Campinas, quando a vazão do Rio Atibaia entrasse na faixa de $3m^3/$ a $2,5m^3/s$, então a SANASA não poderia captar mais do que $3,28m^3/s$.

Outra fagulha que impulsionaria a aplicação das limitações da captação dos mananciais superficiais dos municípios das bacias do PCJ era quando o volume útil dos reservatórios do Sistema Cantareira chegasse a 5%. Visto que, desde 15 de maio de 2014, o Sistema Cantareira já estava operando com a sua "reserva profunda", cujo volume, inclusive, estava no nível fronteiriço dos 5% desde 21 de janeiro de 2015, as comunidades do interior paulista ligadas ao PCJ já teriam de começar a cumpri-las a partir do dia seguinte, quando a ANA expediu o decreto ordenando as citadas restrições de captação.

Como o nível do "volume morto" do Sistema Cantareira não parava de cair por quinze dias seguidos em janeiro de 2015, chegando a 5,1% no dia 25, os especialistas do consórcio Intermunicipal do PCJ previam que a crise hídrica que perdurava desde o final de 2013 esgotasse o Sistema Cantareira já em maio de 2015.

Temendo que estas previsões, mais as restrições estatuídas pela ANA para a captação da água bruta do Rio Atibaia, levassem à estagnação da produção industrial e agrícola dos municípios pertencentes às bacias dos rios Piracicaba, Capivari e Jundiaí (PCJ), em meados de janeiro de 2015 o Diretor Regional do CIESP em Campinas, José Nunes Filho, expressou a preocupação de todos os seus pares da região ao demandar que a *Sabesp* deixasse em definitivo de utilizar as águas dos mananciais superficiais que compõem as bacias do PCJ para o abastecimento da Grande São Paulo, dispondo-as exclusivamente ao abastecimento das cidades interioranas integrantes destas bacias. Caso contrário, os diretores das empresas industriais da região de Campinas, especialmente as dos segmentos de bebidas, de alimentos, de produtos de limpeza, de química, papel e celulose, de petroquímica e farmacêutica, seriam forçados, no curto prazo, a reduzir os turnos de trabalho, decretar férias coletivas ou promover demissões sistemáticas e, a médio e longo prazos, deixar de investir em suas plantas industriais locais, chegando a transferi-las para outras regiões do Estado de São Paulo ou do país e não descartando, inclusive, de levar a disputa ao âmbito da Justiça.

A sociedade organizada de Campinas exigia também que a Região Metropolitana de Campinas tivesse assento no Comitê da Crise Hídrica da Região Metropolitana de São Paulo, criado pelo governo estadual em 4 de fevereiro de 2015. Ao participar da primeira reunião deste Comitê, em 13 de fevereiro, o prefeito campineiro, Jonas Donizette, então na condição de presidente eleito do Conselho de Desenvolvimento da Região Metropolitana de Campinas (CD-RMC), reafirmava que iria "fazer valer a força da região" para que pudéssemos "ser contemplados com a importância que temos em São Paulo" (*sic*). Isto posto, o governador Geraldo Alckmin informava que a *Sabesp* retiraria cada vez menos água bruta do volume armazenado no Sistema Cantareira para o abastecimento da Grande São Paulo, evitando assim a diminuição das vazões primárias e secundárias para o Rio Atibaia caso a estiagem se prolongasse e a crise hídrica se agravasse em 2015. A ANA ingeria-se neste trato, objetando que a vazão do Cantareira para os rios Atibaia e Jaguari começasse a ser reduzida de $2,0m^3/s$ para $0,5m^3/s$, no mês de abril.

Para evitar um *blackout* na produção industrial regional, os técnicos do Consórcio PCJ recomendavam às empresas a captação e armazenamento de água de chuva. Economistas de importantes institutos de pesquisa e de instituições financeiras de Brasília, do Rio de Janeiro e de São Paulo, conjecturavam uma queda de até 2% no Produto Interno Bruto (PIB) de 2015 do Brasil caso ocorresse um racionamento de 30% no abastecimento de água tratada e canalizada nas regiões metropolitanas do Sudeste do país.

O mês de janeiro de 2015 em São Paulo foi o mais seco de sua história, superando, portanto, o de 2014, chegando ao seu final com um volume de chuvas 57,7% abaixo da sua média histórica de 271*mm*. Isso deixou o nível de reservação do Sistema Cantareira novamente deficitário, desta vez com um déficit de 21,7 bilhões de litros de água bruta. O número de moradores da Grande São Paulo que relatava ter ficado sem abastecimento de água, por pelo menos um dia, subia de 60% em setembro de 2014 para 71% em janeiro de 2015. Tanto o Diretor-Presidente da *Sabesp* quanto o Governador Geraldo Alckmin já falavam em racionamento "drástico" e "pesado" para a Grande São Paulo, com a possibilidade de se estabelecer revezamentos no corte de abastecimento predial de água tratada e canalizada, estruturado num esquema *4 por 2*: quatro dias sem abastecimento e dois com.

Em fevereiro finalmente as chuvas vieram de modo abundante e constante, principalmente sobre as regiões do Sistema Cantareira. Com um índice pluviométrico 61,9% acima da média história, foi o maior volume de água pluvial em 20 anos para este terceiro mês do período estival no Brasil, o que propiciou ao Cantareira a maior afluência desde março de 2013. No dia 3 de fevereiro de 2015, o Cantareira tinha o seu nível elevado pela primeira vez no ano. Passava de 5% para 5,1%. Depois teria vinte e uma elevações consecutivas até chegar a 11,4% no vigésimo sétimo dia do mês. O mesmo ocorria no conjunto dos reservatórios do Sistema Alto Tietê, cujo nível médio subia para 18,3% e no do Paraíba do Sul, que saía do volume morto. Os rios da Região Metropolitana de Campinas alcançaram níveis tão elevados, os maiores desde o início da crise hídrica, a ponto de provocarem inundações em Jaguariúna, Limeira, Monte Mor, Americana e Piracicaba. No entanto, não tinham como armazenar esta água bruta extra proveniente das chuvas por efeito da falta de reservatórios.

Ao iniciar o mês de março, os níveis de armazenamento dos reservatórios dos sistemas Cantareira e Alto Tietê continuavam em alta, apresentando respectivamente as marcas de 11,7% e 18,8% no dia 2. No dia 29, os níveis dos reservatórios de ambos os sistemas atingiam respectivamente 18,7% e 23,1%. Nesse meio-tempo, como a retirada de água do Sistema Cantareira havia diminuído 56% de fevereiro de 2014 a fevereiro de 2015, ele deixava de ser o maior provedor de água bruta para a Grande São Paulo, sendo então ultrapassado pelo Sistema Guarapiranga. Enquanto este havia produzido, em janeiro de 2015, uma média de 14,490 mil $l/s$, a do Cantareira teria atingido no máximo 14,030 mil $l/s$. No entanto, a água proveniente do Cantareira ainda continuava abastecendo um número maior de habitantes da Grande São Paulo, os quais somavam 6,2 milhões, ante os 5,2 milhões do Sistema Guarapiranga, sem falar que o Cantareira contava então com 57% menos água reservada do que a sua média histórica de 1930 a 2012.

Segundo o Jornal *Correio Popular* de 17 de março de 2015, o Rio Atibaia ostentava no dia anterior, em Campinas, uma vazão elevada de 52,54 $m^3/s$, a maior desde 15 de fevereiro de 2010.

Algumas represas de cidades da Região Metropolitana de Campinas (RMC), como as de Nova Odessa, recuperaram o nível médio de reservação de 83%, um pouco acima daquele verificado em março de 2014, sem abandonar, porém, a sua politica de racionamento. A empresa de saneamento básico da cidade de Vinhedo, a *Sanebavi*, aumentou a sua capacidade de reservação de água tratada com a construção de um grande reservatório semienterrado de dois milhões de litros, na Estrada da Boiada, inaugurado em março de 2015.

O mês de março de 2015 encerrava com um índice pluviométrico total de 206,5*mm* sobre a região do Sistema Cantareira, 16% maior do que a sua média histórica desde 2008. Com isso, no sexto dia do mês de abril o seu nível de reservação sinalizava 19,4%, em que pese estivesse ainda contido na camada de seu "volume morto".

O nível do Rio Atibaia em Campinas, por sua vez, escoava a 16,5$m^3$ por segundo, o qual, apesar de ser apreciável, estava 20,6% abaixo de sua média histórica para esta época do ano. Na mesma situação encontravam-se as vazões do Rio Jaguari, em Jaguariúna, com 4,7$m^3/s$, 76,4% inferior a sua média histórica, e a do Rio Piracicaba, em Piracicaba, que corria com 59,7$m^3/s$, 49,2% mais baixo do que o habitual.

Vinte e um dias depois, enquanto o nível médio dos reservatórios do Cantareira sofria uma leve perda, caindo para 20%, a vazão do Atibaia descambava para 5,85m³/s, prosseguindo em declínio até chegar em 4 de maio com uma vazão preocupante de 4,21m³/s. Afinal de contas, quantidade de chuvas, de 45,3*mm*, que havia caído em abril sobre os reservatórios do Sistema Cantareira foi exígua, deixando-os com um nível de reservação de 15,1% e uma vazão afluente de apenas 15,6 mil *l/s*, 64% abaixo de sua média histórica desde 1930.

Apesar do volume total das chuvas de 74,4*mm* no mês de maio de 2015 ter sido o dobro do registrado no mesmo mês em 2014, levando-se em conta a soma do volume de água não apenas em maio, mas também em abril, o resultado total apresentado em 2015 foi de 119,7*mm* ante os 123*mm* de 2014. Daí o nível de reservação do Sistema Cantareira ter ficado 21% mais baixo do que o mesmo período do ano anterior, deixando a balança da vazão afluente, em maio de 2015, deficitária em 2 mil *l/s*. O dado mais preocupante, porém, era que em junho, um mês regularmente seco, o volume total de água bruta armazenada no Sistema Cantareira tendia a ficar 64 bilhões de litros menor, o que restringiria mais ainda a descarga para os rios Atibaia e Jaguari.

E não era apenas o nível dos reservatórios do Sistema Cantareira que estava em declínio no primeiro semestre em 2015, mas também o dos outros sistemas do Estado de São Paulo, sem falar das represas Santa Branca e Paraibuna, importantes fontes de abastecimento da Região Metropolitana do Rio de Janeiro, cujos níveis desciam para 4,22% e 6,26%, respectivamente.

Conforme o mês de junho aproximava-se de seu final, computando baixo volume de chuvas, 67,8% do esperado, no dia 29 a vazão do Rio Atibaia caia para 4,9 m³/s. A situação da Região Metropolitana de Campinas só não ficou pior porque o nível do Sistema Cantareira não havia diminuído, ao contrário subiu 0,3% em relação a maio, e também porque a retirada de água do Cantareira pela *Sabesp* para abastecer a Grande São Paulo vinha diminuindo, detendo-se então num patamar de 13-14%. O maior produtor de água bruta da Grande São Paulo contava então com 5,2 milhões de consumidores ante os 8,8 milhões existentes antes do início da crise hídrica de 2013-2015. Mas em alguns bairros periféricos da cidade de São Paulo, já no mês de maio de 2015, o racionamento rigoroso e generalizado não era mais uma sombra de mau agouro, mas sim a mais pura e dura realidade. Por exemplo, moradores da Vila Diva, na capital paulista, ficavam 19 horas por dia sem fornecimento de água tratada e canalizada.

Alguns pressentiam que os espectros da longa e severa estiagem, do racionamento generalizado no abastecimento domiciliar e do colapso hídrico voltariam a assombrar toda a região Sudeste do Brasil, coincidentemente quando fazia um ano que o grosso do abastecimento de água tratada e canalizada dos domicílios das regiões metropolitanas de São Paulo e de Campinas provinha unicamente das cotas do "volume morto" do Sistema Cantareira.

Porém, os ambientes aquáticos das regiões Norte e Noroeste do Estado de São Paulo andavam de um modo que contrariava esta expectativa. No dia 17 de julho, os níveis dos grandes sistemas de produção de água bruta das regiões metropolitanas de São Paulo e de Campinas voltavam a cair simultaneamente depois de trinta e seis dias de estabilidade. Apesar do volume de chuvas sobre o Sistema Cantareira em todo o mês de julho de 2015 ter superado o de 2014, o calor estava acima do regular e o sistema registrava o quarto mês seguido de precipitações chuvosas abaixo de sua média histórica, apresentando um nível de reservação de 18,5% no dia 30. No mês de agosto o volume armazenado no Cantareira iniciava com o índice de 18%, mas depois de vinte dias ininterruptos sem chuva descia para 15,5% no dia 31. O mais surpreendente era que no espaço de uma semana o Cantareira havia perdido 3 bilhões de litros de água bruta.

Na região de Campinas, tanto o tempo quanto os ambientes aquáticos transcorriam de um modo paradoxal. Dados coligidos pelo *Cepagri-Unicamp* mostravam que nos sete meses iniciais de 2015, o volume total de chuvas que caiu sobre a região foi superior ao do mesmo período de 2014. O montante era, pois, positivo e indicava que os índices pluviométricos estariam voltando a sua normalidade por aqui. Contudo, a vazão do Rio Atibaia, na altura de Campinas, caía a tal ponto que, em 5 de agosto, as pedras de seu leito voltavam a ficar visíveis à distância. Com relação a sua média histórica a vazão deste corpo de água era então 50,5% inferior. No dia 24, a sua vazão declinava para 3,24 m³/s, colocando-o sob "Estado de Restrição", o que significava que a SANASA teria de atender as novas normas de restrição à captação encetadas pela ANA e o DAEE, diminuindo em 20% a retirada de água do Rio Atibaia destinada ao abastecimento público. Já as indústrias e as atividades agrícolas teriam de reduzir em 30% a captação neste manancial. Por precaução, o Clube Campineiro de Regatas e Natação suspendeu a prática dos esportes aquáticos no rio. Em situação crítica, o Departamento de Água e Esgoto de Valinhos (*Daev*) precisou tomar uma medida emergencial para captar 10 *l/s* de água bruta do Córrego Invernada, já que o nível de suas barragens minguava. O Lago do Holandês, em Holambra, o principal manancial para o abastecimento de sua população, ficou quase que totalmente coberto por aguapés em razão do baixo nível de oxigênio decorrente da alta concentração de matéria orgânica e da escassez de chuvas que avariava os seus provedores: o Rio Camanducaia e o Córrego Borda da Mata. Desde meados do mês de agosto, o Rio Camanducaia – que também serve os municípios de Amparo, Jaguariúna, Pedreira, Serra Negra, entre outros – continha uma vazão pífia de 1,3 m³/s, acarretando-lhe precedentemente as mencionadas restrições à captação estabelecidas pela ANA e o DAEE.

No tocante ao Rio Piracicaba, no dia 18 ele rastejava com a vazão de 11 m³/s, a mais baixa de 2015 e 80% inferior a sua média histórica para agosto. Isto possibilitou que o *Instituto Beira Rio* e a Prefeitura Municipal realizassem, na segunda quinzena de agosto, um mutirão para a retirada de cerca de 50 toneladas de lixo e detritos.

Indo mais ao Nordeste do Estado de São Paulo, cidades como Aguaí, Américo Brasiliense, Orlândia e Vargem Grande do Sul decretavam racionamento no final de agosto de 2015, o qual recebeu um volume total de 30,7*mm* de água pluvial sobre o conjunto de reservatórios do Cantareira, 10,8% a menos do que a sua média histórica. Destarte, a vazão afluente do sistema ficou então 29% abaixo do registrado no mesmo mês do ano anterior. A paisagem mais obscura, porém, era então vista no Sistema Alto Tietê, cuja vazão afluente foi a mais baixa de toda a sua história e cujo nível de reservação de seu volume útil baqueava com 13,8%.

Ao longo do mês de setembro de 2015, o movimento das águas pluviais e fluviais oscilou radicalmente nas regiões metropolitanas de São Paulo e de Campinas, incluindo a do Cantareira. Nos primeiros treze dias, chuvas profusas caíram sobre estas áreas do Estado de São Paulo. Tanto o nível dos reservatórios do Sistema Cantareira quanto o dos reservatórios dos municípios das regiões de Campinas registravam suas primeiras elevações depois de quarenta e quatro dias estagnados. 16,3% era o nível de reservação do Cantareira no dia 13 e o fluxo do Rio Atibaia acelerava a 42,9m³/s no trecho dos distritos campineiros de Joaquim Egídio e Sousas. A vazão do Rio Piracicaba ascendia 855% em uma semana. Entretanto, do dia 14 ao dia 25 a chuva parou e dai até o ultimo dia do mês caia novamente na região de Campinas na forma de temporais.

No vigésimo segundo dia do mês, os integrantes do Consorcio Intermunicipal do PCJ realizaram um seminário na Câmara Municipal de Campinas a fim de elaborarem as demandas imprescindíveis que serviriam como parâmetros para a renovação da outorga do Sistema Cantareira, esperada para ocorrer em outubro, mas adiada para novembro e, depois, para dezembro de 2015 e, mais uma vez, para maio de 2017. Tais demandas reiteravam que a vazão do Cantareira para a bacia hidrográfica do PCJ teria de ser, no mínimo de 10m³/s quando o volume útil de água bruta armazenada no Sistema Cantareira estivesse acima de 20%.

Com um volume total de 146,4 *mm* de chuvas que incidiram sobre Campinas e região, setembro terminou como o mais volumoso em dezenove anos e quase 50% maior do que o mesmo mês do ano passado. Só na região do Sistema Cantareira o nível total de pluviosidade ficou 78% acima da sua média histórica. Desde janeiro de 2014, o conjunto dos reservatórios deste e dos outros sistemas que abastecem as regiões metropolitanas de São Paulo e de Campinas fecharam o mês no azul. No dia 6 de outubro de 2015, o volume de água bruta disponível no Sistema Cantareira era de 163,8 bilhões de litros, 2,2 bilhões de litros a mais do que em setembro de 2014. O governo e os especialistas em recursos hídricos advertiam, porém, que o sistema ainda continuava numa situação crítica, operando no "volume morto", sendo por isso imprescindível que a economia de água tratada e canalizada pelos usuários da *Sabesp* e de outras empresas paulistas de abastecimento continuasse para afugentar o racionamento.

Do dia 5 até o dia 19 de outubro, os níveis do Cantareira experimentaram quedas constantes até chegar no dia 21 com 15,6% de seu "volume morto" armazenado. O sistema Alto Tietê, também em queda contínua, fechava com 13,7%. Na região de Campinas, dez cidades abastecidas pelo Rio Camanducaia entravam em Estado de Alerta, pois a sua vazão serpenteava entre as pedras de seu leito a 1,96 m³/s.

Outubro de 2015 chegava ao fim com um volume total de chuvas de 116,5*mm* sobre os reservatórios do Sistema Cantareira, 9,4% abaixo da média histórica do mês.

Entretanto, novembro despontava com fortes chuvas elevando os níveis dos reservatórios e dos cursos de água de São Paulo, com o nível do Sistema Cantareira subindo para 19,5% no dia 30. O volume de chuvas que caiu sobre o sistema foi 23% maior do que a sua média histórica desde 2009, o mesmo ocorrendo com a região de Campinas, cujo índice pluviométrico foi de 33% acima do de novembro de 2014. A *Sabesp* prognosticava que o Sistema Cantareira não mais dependeria apenas de seu "volume morto" no final de abril de 2016. Técnicos do PCJ, por sua vez, achavam que só em 2017 o Cantareira livrar-se-ia da dependência do "volume morto", operando então com um nível seguro de, no mínimo, 35% de seu volume útil.

No vigésimo nono dia do mês de dezembro de 2015, o nível de reservação do Sistema Cantareira já atingia o incrível índice de 29,3% depois de vinte e seis dias de elevação contínua. Após operar continuamente no "volume morto" por dezenove meses, o sistema voltava a operar no volume útil, contrariando todas as previsões, inclusive as da *Sabesp*. O Sistema Alto Tietê era alçado para 22,3%. As vazões do Rio Atibaia, do Jaguari, do Camanducaia e do Piracicaba batiam recordes desde o início da crise hídrica de 2013-2015 e até causavam inundações. O Departamento de Águas e Esgotos de Valinhos (*Daev*) já havia finalizado, desde o dia 17, o racionamento calcado no esquema de rodizio no abastecimento domiciliar de água tratada e canalizada, vigente desde 7 de fevereiro de 2014.

Caso as volumosas chuvas de novembro e dezembro de 2015 continuassem, nas primaveras e nos verões dos anos subsequentes, engenheiros hidráulicos (como, por exemplo, Antônio Carlos Zuffo), previam que o resgate do Cantareira levaria de três a quatro anos, outros (como, por exemplo, Francisco José Piza) já encurtavam a restauração do sistema para dois anos. Os engenheiros do PCJ, que até meados de dezembro de 2015 davam cinco anos para a reconstituição do Sistema Cantareira, a partir de então trabalhavam com um prognóstico de dois anos, contanto que a vazão afluente se mantivesse acima da defluente. O especialista em recursos hídricos, Pedro Luiz Côrtes, via nas profusas precipitações chuvosas e nas elevações do Sistema Cantareira de novembro-dezembro de 2015 um sinal de recuperação, mas que a sua restauração somente se consumaria em até oito anos, advertindo ainda que se a população abandonasse o consumo consciente de água, se as medidas de replante e preservação das matas ciliares e as obras de infraestrutura não viessem a ser efetuadas, poderíamos entrar novamente no "volume morto" durante o próximo período de estiagem, o de 2016, caso ele fosse tão anômalo quanto aos dos anos de 2014-2015.

## 2016: O FIM DA CRISE HÍDRICA DE 2013-2015

> "Tempo rei, ó tempo rei, ó tempo rei.
>
> Ensinai-me, ó pai, o que eu ainda não sei".
>
> Gilberto Gil

Como pudemos ver ao longo deste trabalho, qualquer asserção a respeito do comportamento do clima a longo e a médio prazos pode incorrer em erros crassos, ainda mais quando se trata de uma região com alto grau de imprevisibilidade como a do Sudeste do Brasil. Registramos proposições de especialistas da área de climatologia, meteorologia e hidrologia que, diante do fenômeno climático de seca extraordinária que resultou na crise hídrica de 2013-2015 nesta região do país, aventaram o colapso do sistema Cantareira no ano de 2015 ou em 2016, coisa que acabou não acontecendo. Contudo, o clima na região Sudeste do Brasil tem realmente mudado e, caso não adotemos um modo de vida diferente do que temos vivenciado, extensamente poluidor de nossos corpos e cursos d'água naturais, estes estarão degradados a tal ponto que teremos literalmente que tirar água de excrementos para abastecermos nossos domicílios. E para tanto, necessitaremos de muito investimento.

No alvorecer do ano de 2016 todos reconheciam que o Cantareira estava rejuvenescido com as precipitações chuvosas voltando à normalidade e com a continuação da contenção na retirada de água do sistema pela *Sabesp* e da redução do consumo domiciliar pela população das regiões metropolitanas de São Paulo e de Campinas. Para se ter uma ideia, a restrição no abastecimento domiciliar de água tratada e canalizada implementada pela *Sabesp* na Grande São Paulo conseguiu economizar, em 2015, 27% do volume armazenado no sistema. No dia 4 de janeiro de 2016 o nível de reservação do volume útil do principal sistema produtor de água de São Paulo alcançava 31,2% e no dia 31 disparava para 45,4%. O nível de reservação do sistema Alto Tietê fechava o mês de janeiro em alta, com 29% de sua capacidade total de reservação. Embora as restrições no abastecimento de água tratada e canalizada aos domicílios de alguns bairros mais longínquos da Grande São Paulo continuassem, elas foram encurtadas de 15*hs* para 8*hs* diárias até serem suspensas dois meses mais tarde.

Mas o fator principal que influenciava decisivamente nesta expressiva elevação do nível de reservação do Cantareira em janeiro de 2016 foram os superabundantes 794*mm* de chuvas que caíam regularmente no Sudeste do Brasil desde outubro, 61,7% maior do que o mesmo período de 2014-2015. No dia 11 de março o Rio Atibaia atingia a maior vazão em 16 anos: 186,7m$^3$/s.

No dia 5 de fevereiro a quantidade de água acumulada no Cantareira marcava 46,3%, encerrando o mês com 53%. No dia 6 de março, estava com 57,4% e cinco dias depois o Rio Atibaia atingia a maior vazão em 16 anos: 186,7m$^3$/s. O Cantareira concluía o mês com mais de 64,7%.

A Sabesp anunciava o fim da crise hídrica e anunciava que o bônus, ofertado aos seus usuários pelo Programa de Incentivo à Redução de

Consumo de Água, e a multa instituída pela chamada Tarifa de Contingência, não estariam mais em vigor a partir de 1º de maio.

No dia 28 de abril o índice de água represada no Sistema Cantareira estava em 65,7%, não tendo sido maior porque as chuvas pararam por 16 dias durante o mês. Mas a sua reserva começaria a se recuperar a partir de 19 de maio devido à fortes e incessantes chuvas, combinadas com baixa temperatura, que retornavam numa intensidade tal, especialmente no mês de junho, que no dia 7 deste mês o seu nível agigantou-se para 72%. O mês que tradicionalmente pende para o tempo seco por encontrar-se numa transição do Outono para o Inverno, comportava-se como se fosse moldado numa temporada típica de verão chuvoso. O volume total de chuvas até o dia 20 de maio foi de 178,3*mm*.

No primeiro trimestre de 2016 todos os rios da região de Campinas apresentavam vazões altas. Em 11 de março o Rio Atibaia atingia a maior vazão em 16 anos: 186,7m³/s. O medo do colapso hídrico no Estado de São Paulo havia evaporado, mesmo que, ao nos fazer passar por uma experiência de prolixa aridez e de estresse hídrico com interrupções no abastecimento domiciliar de água tratada em importantes centros urbanos, tenha nos servido de lição.

## CONSEQUÊNCIAS DA CRISE HÍDRICA DE 2013-2015 NAS OPERAÇÕES, NO CAIXA E NOS PLANOS DAS EMPRESAS PAULISTAS DE ABASTECIMENTO DE ÁGUA TRATADA E CANALIZADA:

"Reusar a água nas grandes cidades pode ser a grande herança dessa crise".

Ivanildo Hespanhol in g1.globo.com, 08/02/2015

As alterações climáticas de 2013-2015 na região Sudeste do Brasil e a crise hídrica dela decorrente impactaram nas empresas públicas, privadas e de economia mista da área do abastecimento de água e de saneamento, tanto no conjunto de suas operações técnicas quanto na sua situação financeira.

A lista abaixo explica as medidas que tiveram de ser tomadas por essas empresas no sentido de minimizar e até debelar a crise hídrica provocada pelas mudanças atípicas no clima do Sudeste do Brasil no período em pauta:

- Necessidade de captar a água bruta dos "volumes mortos" das represas do Sistema Cantareira, cujo conteúdo destina-se ao abastecimento domiciliar nos municípios das regiões metropolitanas de São Paulo e de Campinas. Desde que a *Sabesp* começou a captar a água da primeira cota da reserva profunda do Sistema Cantareira, esperava-se que ela tivesse condições de abastecer a Grande São Paulo até o fim o mês de março de 2015, contanto que as chuvas começassem então a cair de maneira regular.

- Necessidade de transposição de água bruta do(s) reservatório(s) de um sistema de produção do Estado de São Paulo a outro ou aumento da produção de um sistema com maior volume de reservação para socorrer o sistema com menor volume de reservação. O primeiro tipo de manobra foi executado quando a *Sabesp* transpôs água bruta dos reservatórios do Sistema Alto Tietê para os reservatórios do Cantareira e o segundo foi quando a mesma empresa aumentou a capacidade produtiva de água tratada do Sistema de Guarapiranga para abastecer áreas da Grande São Paulo que antes eram providas pelo Sistema Cantareira.

- Dificuldades no tratamento da água bruta nas Estações de Tratamento de Água (ETAs), aumentando os seus custos operacionais devido à redução dos níveis e vazões dos corpos e cursos de água, além da consequente baixa concentração de oxigênio, o que gerava excesso de poluentes químicos e biológicos acumulados nos leitos. O Rio Atibaia, por exemplo, responsável por prover 95% da água tratada consumida em Campinas, passou por este problema no último trimestre de 2014, restringindo em 30% a retirada de água bruta no ponto de captação da SANASA. Por conseguinte, isso complicava o tratamento da água bruta nas ETAs de Campinas, aumentando os seus custos operacionais concomitantemente ao declínio das receitas mensais da SANASA.

Para assegurar a ótima qualidade no tratamento desta água nas ETAs, no período matutino do dia 16 de outubro de 2014, quando muita sujeira acumulada nos leitos dos corpos de água subiu por causa de uma pancada de chuva, a empresa campineira de águas e esgoto só pôde tratar em torno de dois mil e seiscentos litros por segundo da água bruta captada no Rio Atibaia ao passo que a população campineira vinha consumindo uma media de quatro mil e cem litros por segundo/dia. Estes foram os motivos do abastecimento domiciliar de água tratada e canalizada em Campinas ter enfrentado então alguns apertos.

- Compra de maior quantidade de produtos químicos aplicados nos processos de purificação da água fornecida aos domicílios urbanos para a manutenção de padrões de potabilidade e qualidade de acordo com os parâmetros definidos pelo Ministério da Saúde. Consequentemente, as empresas municipais de abastecimento de água aumentaram os estoques de carvão, de cloro, cal hidratada, hipoclorito de sódio, de amônia e etc, para que fossem aplicados no tratamento da água fornecida à população. Tendo ainda Campinas como exemplo concreto das dificuldades encontradas no abastecimento público pelas empresas ou departamentos municipais paulistas de águas durante a crise hídrica de 2013-2015, a SANASA teve que multiplicar os estoques dos insumos acima citados utilizados no tratamento da água guarnecida aos domicílios campineiros. Por exemplo, quando tudo transcorre na normalidade, a SANASA trivialmente complementa diariamente dois mil quilos de cloro na água distribuída aos domicílios de Campinas, só que no dia 2 de janeiro de 2014 a empresa teve de adicionar onze mil quilos de cloro a fim de torná-la adequada para o consumo humano. Em todo o mês de janeiro, a empresa campineira de saneamento básico aumentou em 82% o uso de cal hidratado, 109% de cal virgem e o dobro de carvão ativado para tratar a água bruta aduzida do Rio Atibaia, o que compreendeu despesas mensais extras de R$500 mil, alcançando a importância total de R$1,5 milhão por mês. Isso, evidentemente, impactou suas receitas, reduzindo-as em 20%.

- Compra de mais e melhores equipamentos de bombeamento de água para a otimização da captação de água bruta, a sua adução, tratamento e distribuição domiciliar de água tratada devido às contínuas quedas na vazão dos reservatórios naturais superficiais e dos cursos de água.

- Ampliação física e do conjunto de máquinas e equipamentos das Estações de Tratamento de Água (ETAs) para aumentar a produção de água tratada e canalizada destinada ao abastecimento domiciliar. Um exemplo pertinente deste feito foi dado pelo *Daev*, de Valinhos, que, ao ampliar de 2014 para 2015 a sua ETA II, conseguiu elevar de 15 para 30 milhões de litros por dia a produção de água tratada e canalizada destinada ao abastecimento de sua população.

- Fechamento de poços de água de baixa e de média profundidade (de até 30 metros) localizados nos terrenos urbanos e destinados ao abastecimento público devido à redução de seus níveis e até a sua secagem completa.

  Exemplos: Na cidade de Americana, desde o dia 11 de fevereiro de 2014, o Departamento de Águas e Esgoto (DAE) fechou definitivamente o poço artesiano de 120*m* de profundidade do Jardim Colina, visto que a sua vazão havia declinado de 1.000 *l/h* para 300 *l/h*. Em Americana, oito poços públicos de água foram fechados porque praticamente secaram durante os anos de 2013 e 2014. Já em Valinhos, em abril de 2014 a prefeitura ampliou a captação de água de poços artesianos para não esgotar as fontes e reservatórios superficiais. O poço artesiano do bairro Palmeira do Rancho Novo da cidade de Estiva Gerbi-SP secou em setembro de 2014, deixando quarenta domicílios sem abastecimento de água potável por quatro meses.

- Aumento, em torno de 62%, no número de outorgas de água do Sistema Cantareira pelo Departamento de Águas e Energia Elétrica (DAEE) para a região de Campinas, de meados de 2014 a meados de 2015.

- Compra de mais filtros de dupla camada (areia e antracito) ou de novos filtros mais avançados como os de membranas de ultrafiltração, bem como o aumento na frequência da limpeza dos filtros de dupla camada das estações de tratamento de água.

- Aumento da frequência na limpeza dos filtros das ETAs. Na SANASA-Campinas, por exemplo, esta tarefa passou a consumir de 90 a 120 minutos, ao passo que antes da crise hídrica de 2013-2015 requeria de 40 a 60 minutos.


- Intensificação das ações para a detecção de vazamentos não visíveis, grandes e pequenos, nas tubulações subterrâneas urbanas e suburbanas.

- Diminuição da pressão da água tratada nas redes de distribuição para diminuir ou evitar perdas de água por vazamento ou por desperdício, mas que diminuía a pressão nas torneiras, descargas de vasos sanitários e nos chuveiros dos domicílios residenciais e comerciais que não dispusessem de caixas d'água grandes e nem estivessem equipadas com bombas apropriadas.

- Maior investimento em trocas de antigas tubulações, como no caso da SANASA, que começou a substituir, em 2014, velhas tubulações de amianto por tubulações de PEAD das redes de captação, adução e distribuição domiciliar de água tratada, visando diminuir o índice de perda de Campinas, de 19,2% por cada 100 litros, o qual, em agosto de 2014, ainda era um dos menores do país, cuja media estava em 37%.

- Necessidade de colocar novos hidrômetros no lugar dos velhos, geralmente falíveis, para evitar registros inferiores ao que realmente tivesse sido consumido nos domicílios residenciais e comerciais.

- Distribuição gratuita aos domicílios residenciais e comerciais urbanos de kits de redução de vazão de água tratada nas torneiras, como fizeram a *Sabesp* e a SANASA no início de 2015.

- Intensificação na fiscalização do uso indevido de água pela população, na identificação de hidrômetros adulterados e/ou fraudados e de ligações clandestinas. A *Sabesp* descobriu em cidades das regiões de Bragança Paulista e da Grande São Paulo, de janeiro a julho de 2014, 5.460 domicílios com ligações clandestinas. No ano todo de 2014, 15,6 mil ligações clandestinas foram encontradas nestas regiões, ocasionando uma sangria de 2,6 bilhões de litros de água tratada e canalizada. Em Valinhos, de janeiro a maio, o DAEV substituiu quatro mil hidrômetros residenciais que apontavam perda em torno de 50% no registro de consumo.

- Oferta de descontos na conta de água tratada e canalizada para o consumidor que a economizasse. A *Sabesp* começou a oferecer um bônus de 20% na conta de água dos usuários que reduzissem em 30% o seu consumo e multas para os que a utilizassem demasiadamente. Em março de 2014, 76% dos consumidores da *Sabesp* nas cidades das regiões metropolitanas de São Paulo e de Campinas aderiam à economia no consumo de água tratada e canalizada, tendo esta percentualidade aumentada para 81% no mês seguinte. Seis cidades da Região Metropolitana de Campinas, abastecidas pela *Sabesp* (Hortolândia, Itatiba, Jarinu, Monte Mor, Morungaba e Paulínia), economizaram um total de 219,706 milhões de litros de água de junho a julho de 2014.

- Ampliação das visitas de técnicos das empresas de abastecimento de água aos condomínios residenciais, verticais e horizontais, de suas respectivas cidades, com o intuito de conscientizar e treinar os síndicos e moradores a promover diversas formas de reduzir o uso de água em áreas comuns e particulares.

Na primeira metade de 2014, os administradores de um condomínio vertical de São Paulo, de 9,5 mil m$^2$ e com 336 apartamentos, conseguiram atingir uma economia de 1,2 mil m$^3$ no consumo de água tratada e canalizada em três meses. Outro condomínio paulistano, de 180 moradores, conseguiu uma redução de 53,8% no consumo de água, de fevereiro de 2014 a janeiro de 2015, tendo a sua conta predial mensal caído de R$ 3.058,00 para R$ 1.281,00. O modo mais comum e eficiente para alcançar tal economia nos condomínios verticais era o fechamento de seus respectivos registros gerais por cerca de três ou quatro horas durante o dia, todos os dias.

- Lançamento, desde novembro de 2013, de avisos, anúncios e campanhas de esclarecimento em diversos meios de comunicação visando conscientizar a população da necessidade do consumo consciente da água. Como resultado de uma campanha de conscientização, de março a agosto de 2014, a SANASA conseguiu diminuir em Campinas o consumo domiciliar de água tratada e canalizada em 20%, equivalente ao consumo diário de 360 mil pessoas, o que evitou o racionamento nesta cidade grande.

- Aumento extra na tarifa mensal de água devido ao aumento dos custos para a captação de água bruta e a produção, reservação e distribuição de água tratada e canalizada aos domicílios urbanos.

- Racionamentos pontuais e generalizados, parciais ou integrais, no abastecimento domiciliar de água tratada e canalizada em várias cidades paulistas desde fevereiro de 2014.

O racionamento de água com revezamentos na interrupção do fornecimento aos domicílios residenciais (como, por exemplo, nas cidades de São Paulo, Guarulhos, Itararé, Itu, Sorocaba, Valinhos, Vinhedo, Cosmópolis e São Pedro), ocorria ora em alguns bairros, ora em outros, primeiro por algumas horas do dia, depois por um ou mais dias.

Com relação às cidades que tiveram os seus mananciais públicos de água bruta esgotados e sem nenhuma reserva de água tratada, para que sua população não ficasse por muito tempo sem o seu provimento, foram empregados caminhões-pipa ou intensificaram-se a abertura de outros poços públicos e a retirada de água de poços particulares.

As empresas municipais de saneamento e abastecimento de água ainda liberaram gratuitamente para a população de suas respectivas cidades o uso diário de poços e chafarizes públicos de água potável, além de instalar provisoriamente grandes caixas coletivas de água potável em diferentes logradouros públicos.

- Outra consequência digna de nota que a crise hídrica de 2013-2015 acabou ocasionando foi a crescente intervenção dos poderes executivos municipais nas empresas particulares de abastecimento municipal de água para as quais haviam sido outorgadas concessões para exploração deste serviço por períodos de vinte a trinta (por exemplo, Itu) num contexto em que a recuperação da gestão pública da água era considerada uma tendência global, uma vez que, desde 2000, vinha se repetindo em duzentas e trinta e cinco cidades, como Paris, Berlim ou Buenos Aires.

Em Itu, em meados de agosto de 2014 a Prefeitura Municipal anunciou que rescindiria o contrato de concessão de serviços de saneamento e abastecimento de água com a empresa privada *Águas de Itu*, sem, no entanto, tomar posse dos serviços, mas sim com o intuito de passá-los para outra empresa particular: a *Águas da República*, pertencente ao grupo *Águas do Brasil*. Em novembro, entretanto, a mudança não se concretizou e os serviços de saneamento e abastecimento de água permaneceram com as *Águas de Itu*.

Por outro lado, em Sumaré, a Prefeitura Municipal concedeu, por trinta anos, os serviços de água e esgoto para a empresa privada *Odebrecht Ambiental.*, que assumiu os serviços de água e esgoto em meados de junho de 2015.

Para alguns analistas econômicos, as empresas privadas de saneamento básico despontavam em meio aos rumores de que a crise hídrica deixaria as regiões metropolitanas do Estado de São Paulo à míngua em 2014, encontrando brechas para apresentar o seu *expertise* na captação, tratamento e abastecimento domiciliar de água e para empreendimentos de tratamento de efluentes e reuso de água em indústrias e em grandes centros comerciais.

- Tomada de consciência dos administradores de empresas municipais de abastecimento de água e saneamento da Região Metropolitana de Campinas, como, por exemplo, a SANASA, de que chegava a hora de iniciarem a formulação e concretização de projetos para a construção de grandes reservatórios próprios de água bruta, alternativos ao Cantareira, com o fim último de tornarem-se menos dependentes deste sistema. A cidade de Indaiatuba, por exemplo, construiu, no transcorrer da crise hídrica de 2013-2015, uma barragem de 2,5 km de extensão, capaz de armazenar 880 milhões de litros da água do Rio Capivari-Mirim. Estabeleceu-se que numa área de 100 metros de seu entorno seriam plantadas 100 mil árvores para a sua proteção ambiental.

- Nesta mesma linha de busca de mananciais superficiais alternativos para a captação de água bruta numa situação de extremo agravamento da crise hídrica no Estado de São Paulo, as empresas de abastecimento e de saneamento vinculadas ao Consórcio Intermunicipal do PCJ começaram a mapear na região, por imagens de satélite, a existência de poços artesianos, lagoas, pequenas barragens e cavas de mineração desativadas. Até o final de agosto de 2014, foram detectadas, na Região Metropolitana de Campinas, sessenta e cinco cavas desativadas e cinquenta e oito lagoas presumivelmente aptas para serem usadas em operações emergenciais de abastecimento com instalações temporárias de bombas e tubulações flexíveis e o uso de grandes frotas de caminhões-pipa. Trinta dessas cavas juntas continham água em quantidade suficiente para abastecer 600 mil pessoas por dois meses. O Serviço Autônomo de Água e Esgoto da cidade de Cordeirópolis, a partir de setembro de 2014 passou a captar a água potável de uma grande cava de uma antiga empresa de extração de argila, desativada há mais de dez anos. Esta água era aduzida para a represa pública do Barro Preto por intermédio de uma tubulação flexível de cinco quilômetros de extensão e dali para os domicílios cordeiropolenses.

- Necessidade de construir mais reservatórios urbanos elevados e semienterrados para aumentar a capacidade de reservação de água tratada destinada ao abastecimento domiciliar.

- Contratação de frotas de caminhões-pipa carregados de água potável provenientes de outras cidades para o abastecimento de Estações de Tratamento de Água (ETAs) de cidades em que as fontes superficiais haviam secado. Em agosto de 2014, a cidade de Itu chegou a adquirir, por intermédio de caminhões-pipa, dois milhões de litros de água por dia, comprada de empresas de perfuração e instalação de poços artesianos de outras cidades.

- Instalações provisórias de várias barreiras em pequenos corpos de água a fim de desviar suas águas para os reservatórios de médio e grande porte conectados com as estações de tratamento. O Departamento de Águas e Esgotos de Valinhos (*Daev*) ergueu uma barreira improvisada, colocando sacos de areia num córrego do município, cuja água desagua no Ribeirão dos Pinheiros, um afluente do Rio Atibaia, para que ela fosse então desviada para a Represa da Figueira, que tinha seu nível de água oscilando de 15% a 10% de sua capacidade nos últimos dez dias de fevereiro de 2014. Outra fonte alternativa de emergência utilizada em Valinhos para a captação de água bruta destinada ao seu sistema de abastecimento público foi a extração de água de dois de seus córregos com o emprego de mangueiras de sucção.

- Redução no volume de água vendida a granel pelas empresas de saneamento básico às cidades de uma mesma região metropolitana que não tinham autossuficiência para a captação de água bruta e para a distribuição de água tratada aos seus domicílios, como foi o caso da *Sabesp* com relação à Guarulhos e São Caetano do Sul, obrigando-as a instituírem o racionamento. Na cidade de Guarulhos, 87% da água tratada e canalizada destinada ao abastecimento de seus domicílios são comprados da *Sabesp* e somente 13% são produzidos pelo próprio município.

- Incentivo à busca de novas fontes de água bruta destinadas ao abastecimento dos munícipes paulistas. Na SANASA, por exemplo, visto que a empresa contava e ainda tem contado com o Rio Atibaia como fonte crucial de captação de água bruta destinada ao abastecimento de água tratada e canalizada da população de Campinas, foram surgindo, a partir de 2014, planos de construir represas em áreas florestais deste município ou de municípios vizinhos, com sistemas adutores interligados às ETAs da SANASA.

- Aumento da procura por água de reuso da parte de empresas estatais e privadas da Grande São Paulo, o que fez com que a Sabesp visse subir ali a sua venda nos primeiros três meses de 2014, 9% a mais se comparado com o mesmo trimestre do ano anterior. Em Campinas, a SANASA também começou a vender 100 mil litros de água de reuso por dia para a BRES Viracopos Empreendimentos Imobiliários.

- Agilização na atuação dos dirigentes políticos estaduais e municipais para a proteção ambiental das nascentes e para a despoluição dos rios, lagos e riachos rurais e urbanos por meio de investimentos em redes de coleta de esgoto, estações de tratamento de esgotos, estações de produção de água de reuso e no reflorestamento das matas, especialmente das matas ciliares, de forma sistêmica e não apenas pontual. Segundo estudo da ONG internacional *The nature Conservancy* (TNC), o reflorestamento de matas ciliares que envolvem as represas de água bruta poderiam aumentar em até 50% a sua capacidade de armazenamento. Este resultado seria obtido depois de 18 ou 19 anos, a contar da data do início do replantio.

- Investimentos em tubulações flexíveis e bombas de sucção flutuantes, capazes de agilizar e otimizar a captação de água bruta dos chamados "volumes mortos", acumulada abaixo do nível das comportas das represas dos sistemas de reservação do Estado de São Paulo. Foi o que fez a *Sabesp* quando teve que sugar 2 mil *l/s* de água da primeira cota do "volume morto" das represas Jaguari-Jacareí e Atibainha do Sistema Cantareira.

- Captação de água em poços profundos, em lagoas ou represas particulares e até em cachoeiras nas pequenas e médias cidades. O Serviço Autônomo de Água e Esgoto (*Saee*) de Sorocaba, por exemplo, iniciou, em 2 de julho de 2014, a captação de água de represas de duas fazendas do município a fim de esquivar-se de um racionamento na zona industrial do município. Porém, a denominada "Manchester paulista" não escaparia de racionamento parcial. No mesmo período, o *Saee* de Indaiatuba coletou água de quatro represas particulares para completar o seu sistema de abastecimento público e procrastinar racionamento, do mesmo modo que a cidade de Santo Antônio de Posse, quando passou a captar água de três represas rurais particulares. Indaiatuba conseguiu tardar a decretação de racionamento de água tratada e canalizada aos seus habitantes até 15 de outubro de 2014 e quando o fez foi na forma de rodízio. Na cidade mineira de Alagoa, o departamento de água e esgoto da prefeitura municipal esforçou-se por transportar água de uma cachoeira para o seu reservatório com instalações improvisadas de bombas e de cerca de cinco quilômetros de canos.

- Aumento do uso de caminhões-pipa de empresas privadas para o fornecimento de água potável aos domicílios urbanos e rurais que sofriam com cortes programados ou imprevistos no abastecimento regular.

- Represamento de rios a ponto de se de conter suas águas em grandes reservatórios municipais, tal como ocorreu em Indaiatuba, onde o Serviço Autônomo de Água e Esgoto (*Saae*) do município represou o Rio Capivari-Mirim no primeiro semestre de 2014 com o intento de assegurar o provimento de água a sua população.

- Desassoreamento de lagos, de córregos e rios urbanos ou próximos de núcleos urbanos, bem como de represas de água bruta destinada aos sistemas de abastecimento público. Um destes procedimentos cujos efeitos foram bastante profícuos deu-se em Nova Odessa em 2015, quando a Companhia de Desenvolvimento municipal (*Coden*) desassoreou o conjunto de seis represas públicas do município, ao mesmo tempo em que a população mantinha a economia no consumo de água tratada e canalizada, aumentando a sua capacidade de reservação de 27,8% para 77,8% de agosto de 2014 a agosto de 2015.

- Investimentos em novas ferramentas digitais de inteligência geográfica e geoprocessamento de dados (como, por exemplo, a plataforma ArcGIS) para o monitoramento mais eficaz dos processos de distribuição de água, da gestão de serviços de equipes de campo e na identificação de problemas como vazamentos e uso clandestino de água tratada e canalizada.

Por fim, órgãos do governo estadual, comitês e consórcios de gestão do uso dos recursos hídricos superficiais do Estado de São Paulo, bem como as empresas municipais paulistas de saneamento básico, consultaram vários pesquisadores das áreas de hidrologia e hidrogeologia, engenharia ambiental e hidráulica para conhecerem diversos estudos, experimentos, projetos ou propostas que, por ventura, pudessem servir como alternativas exequíveis para a captação de água bruta e produção de água tratada destinada ao abastecimento domiciliar em larga escala e de longa duração dos grandes municípios paulistas. Cinco projetos apareceram como os mais viáveis, a saber:

1. Captação da água bruta da reserva subterrânea do Aquífero Guarani na região de Itirapina-SP, onde o território é de afloramento, isto é, onde o grosso desta fonte de água não é muito profundo.

Esta proposta feita por geólogos do Centro de Pesquisa de Águas Subterrâneas (Cepa) da Universidade de São Paulo (USP), pensando em abastecer em torno de 245 mil pessoas da cidade de Piracicaba, implicaria na construção de cerca de vinte e cinco poços artesianos, de 150 a 300 metros de profundidade, com capacidade para bombear 150 mil litros de água por hora (mil litros por segundo) até um grande reservatório construído na superfície. Dali a água seguiria numa adutora de 55 km de extensão para uma ou mais estações de tratamento de água do município de Piracicaba pelo método da gravidade, uma vez que o território de Itirapina está 100 metros acima.

O tempo para a construção deste sistema levaria um pouco mais um ano e custaria, por baixo, R$40 milhões. Caso o projeto também visasse abastecer o município de Campinas, o número de poços artesianos instalados em Itirapina subiria para 240, a adutora seria de aproximadamente de 110 km e o custo ficaria R$700 milhões a mais.

Tal projeto não só diminuiria a dependência do Sistema Cantareira das cidades pertencentes à bacia do PCJ, como também daria àquele a possibilidade de ofertar mais água bruta para o abastecimento da Grande São Paulo, sem diminuir a vazão do Rio Atibaia.

Todavia, o inconveniente desta proposta é, segundo Francisco Lahóz, a possibilidade de causar danos ao solo em virtude do Aquífero Guarani ser no território de Itirapina uma área de recarga, não tendo lá muito volume para uma extração de tal monta. Segundo o hidrogeólogo Emanuel L'Apiccirella, já estava havendo, em 2014, baixa no nível de um trecho da reserva profunda do Aquífero Guarani num poço de abastecimento público da cidade de Barretos-SP.

Além deste primeiro plano acima descrito, outros foram apresentados, a saber:

2. Dessalinização da água do mar com a construção de uma estação de dessalinização em Bertioga, no litoral paulista, a qual enviaria 40 mil *l/s* de água dessalinizada para o Reservatório Jaguari/Jacareí do Sistema Cantareira através de adutoras de 100 km de extensão.

   Em novembro de 2014, o coordenador do projeto, Francisco Lahóz, Secretário-Executivo do Consórcio PCJ, previa que o tempo para a conclusão das obras consumiria uns três anos e a um custo estimado de R$6,1 bilhões.

   Além deste alto custo para a sua construção de todo o sistema, a sua operacionalização também seria custosa porque exigiria muita energia para o bombeamento da água do litoral para o planalto. O montante captado e aduzido de 40 mil *l/s* conseguiria abastecer 25,5 milhões de habitantes das cidades da Grande São Paulo e das bacias do PCJ. Três eram as tecnologias disponíveis para que fosse implementada esta proposta: a) por osmose reversa; b) por evaporação e c) pelo uso de membranas cerâmicas aprimoradas para o processo de osmose reversa, esta uma invenção brasileira pesquisada na Universidade de Campina Grande-PB.

3. Utilização da água de reuso para o abastecimento dos domicílios residenciais e comerciais da capital paulista, cogitada em novembro de 2014 pelo Governo do Estado de São Paulo em conjunto com a *Sabesp*, com base na iniciativa pioneira da SANASA-Campinas na sua Estação de Produção de Água de Reuso (EPAR-Capivari II).

Esta iniciativa da SANASA consiste no aproveitamento da água derivada de tratamento terciário do esgoto coletado, água esta cujo grau de pureza é de 99% devido aos vários estágios de depuração, completados com o emprego de avançados equipamentos de ultrafiltragem MBR (*Membrane Bioreactor*) antes de seu despejo nos mananciais superficiais onde regularmente são realizadas as captações de água bruta enviada para a sua potabilidade adequada nas estações de tratamento de água e dali, enfim, para os domicílios residenciais e comerciais, não apenas aos industriais, como já vinha sendo feito antes. A princípio, o Governo Estadual planejara construir na Cidade de São Paulo duas novas EPARs semelhantes à EPAR-Capivari II da SANASA, aptas a produzir dois mil litros de água de reuso por segundo.

A propósito, a EPAR-Capivari II, da SANASA, foi escolhida pela Fundação de Estudos e Pesquisas Aquáticas (*Fundespa*) e pelo Comitê e Agência das Bacias do PCJ para desenvolver, a partir de 12 de setembro de 2015, pesquisas que garantissem a segurança salutar e a viabilidade econômica de se utilizar a água de reuso derivada do tratamento terciário de esgoto para o abastecimento domiciliar e até para o consumo humano depois de serem tratadas nas ETAs.

4. Coleta de água das chuvas para realizar recargas artificiais dos lençóis freáticos, realimentando assim as nascentes e os rios. Com a instalação de sistemas de coleta e adução da água da chuva em prédios urbanos e rurais, esta água seria armazenada em poços artificiais, os quais injetariam através de um funil de alumínio, projetado por engenheiros do PCJ, a água nos lençóis freáticos.

5. Construção de pequenos reservatórios de $20m^3$ a $40m^3$ (as chamadas "bacias de contenção" ou "barraguinhas" ou "piscinões") em áreas urbanas verdes e em zonas rurais de pequenos municípios paulistas e mineiros, para a retenção de água de chuva com as finalidades de recarregar os lençóis freáticos, de recuperar as nascentes de água e de preservar os mananciais superficiais.

A cidade paulista de Jaguariúna apresentou, em fevereiro de 2015, um projeto para construir cento e noventa e cinco destas bacias de contenção pluvial na sua zona rural a um custo de R$700 mil. No município de Limeira, trinta destas bacias de contenção foram construídas até o final do mês de fevereiro de 2015. Em Piracicaba, duzentas e cinquenta até agosto. Na cidade mineira de Extrema, a Prefeitura Municipal encarregou-se de destinar o chamado Pagamento por Serviços Ambientais (PSA) aos proprietários rurais locais para a proteção do solo e a preservação de nascentes e de corpos de água superficiais, preferencialmente com a construção de bacias de contenção pluvial. O resultado foi exitoso, pois, no início de 2015, já haviam sido construídas na sua área rural mais de mil "barraguinhas".

6. Construção de novas ou a expansão de velhas interligações de um sistema produtor de água para outro, agilizando assim transferências entre as represas quando forem necessárias.

O mais importante deste tipo de empreendimento foi o da construção de túneis, dutos, bombas e estações elevatórias entre a Represa Jaguari-Igaratá, do Sistema da Bacia do Rio Paraíba do Sul, e a Represa Atibainha, do Sistema Cantareira. As duas grandes vantagens desta obra residem na possibilidade de se transpor 8.500 l/s de água bruta do Reservatório do Jaguari-Igaratá para o do Atibainha e vice-e-versa e na possibilidade de aumentar a vazão do Sistema Cantareira para os rios da Região Metropolitana de Campinas.

Outro projeto correlato foi o da interligação do Sistema do Rio Grande, no ABC Paulista, ao Sistema do Alto Tietê, a Leste das nascentes do Rio Tietê, bem como o projeto mais simples de interligação do Reservatório Jaguari-Jacareí com o Reservatório Atibainha, ambos do Sistema Cantareira. No entanto, o projeto *Rio Grande-AltoTietê* era tão-somente emergencial e findável, uma vez que utilizaria dutos suspensos de Polietileno de Alta Densidade, ficando assim expostos às ações do sol, de ventos e da chuva.

Por falar no Sistema Alto Tiete, os projetos emergenciais a ele integrados pareciam fadados ao malogro. Foi o que ocorreu com o projeto que ligou o Rio Guaió, em Mauá, com o Reservatório Taiaçupeba do Sistema Alto Tiete, que não ficou só no papel, pois suas obras foram concretizadas a um custo de R$29 milhões, tendo havido inclusive a sua inauguração em junho de 2015. O problema foi que a prevalência de tempo seco nos oito primeiros meses de 2015 deixou o Rio Guaió tão raso que a *Sabesp* conseguiu retirar quase nada dali. O que ela logrou transferir de água do Rio Guaió para ao Represa Taiaçupeba em um dia foi apenas 660 *l/s* e não os 1.000 *l/s* que havia planejado.

7. Construção de duas grandes barragens em áreas florestais dos municípios paulistas de Amparo e de Pedreira para o abastecimento da Refinaria de Paulínia (*Replan*) e dos domicílios de quinze cidades congregadas ao Consorcio Intermunicipal do PCJ, fornecendo-lhes mais 13,8m³/s de água bruta. O projeto orçado em R$ 700 milhões se constituiria do Reservatório de Pedreira, de 4,3 km², com capacidade de reservação de 26 milhões de m³ de água bruta do Rio Jaguari e com uma vazão de 7,3m³/s. O Reservatório Duas Pontes, de Amparo, é maior, pois teria 7,6 km² de extensão e uma capacidade de reservação de 41 milhões de m³ da água bruta do Rio Camanducaia e com uma vazão de 6,5m³/s.

   Trata-se este projeto de propiciar uma reserva hídrica estratégica para os municípios banhados pelos rios Piracicaba, Capivari e Jundiaí uma vez que lhes garantiria segurança hídrica, assegurando-lhes vazões de 7m³/s a mais, caso houvesse um colapso hídrico nas regiões de Campinas e de Piracicaba, com os corpos de água naturais e artificiais ficando, porventura, completamente secos. Entretanto, para que Campinas possa servir-se destes dois novos reservatórios terá de haver uma interligação por meio da construção de dois sistemas adutores.

8. Construção de um grande reservatório próprio de água bruta numa área rural localizada entre Campinas e Valinhos, com o intuito de propiciar cinquenta dias de autonomia ao sistema de abastecimento público de Campinas numa conjuntura de grave estiagem. Com um dispêndio estimado em R$150 milhões, tal reservatório, construído e gerido pela SANASA, armazenaria 15 bilhões de litros de água bruta do Rio Atibaia aduzida através de uma adutora de seis quilômetros.

## IMPACTOS DA CRISE HÍDRICA DE 2013-2015 NA VIDA COTIDIANA DAS POPULAÇÕES URBANAS E RURAIS DO SUDESTE DO BRASIL

No lugar de chuvas leves, mas contínuas, nas estações da Primavera e Verão de 2013 a 2015, quando a chuva dava o ar de sua graça, havia mais ocorrências de temporais intensos, causadores de quedas de árvores, de fios e postes de luz, deixando sem energia elétrica os logradouros públicos, os domicílios e até as casas de bombas de pontos de captação e adução de água bruta, de reservatórios e de estações de tratamento de água, rompimento de adutoras e demais tubulações da rede de distribuição, destelhamento de casas, transbordamento de rios e córregos urbanos e, destarte, inundações, deslizamentos, desabamentos, erosões e depressões em residências e vias públicas, causando sérios problemas de desalojamento de famílias e de locomoção dos citadinos.

É certo que todo o Brasil sofria com a queda de precipitações chuvosas no período em pauta. O total de chuvas que haviam caído no país no ano hidrológico de 2013-2014 foi 20% inferior ao dos anos anteriores. Todavia, só na Região Sudeste a queda foi de 60%. Portanto, 441 mil habitantes da Região Metropolitana de Campinas eram assolados pela crise hídrica de 2014, sofrendo com cortes no fornecimento de água tratada e canalizada para as suas residências já nos primeiros trinta e dois dias do ano.

Quando há uma estiagem descomunal como a de 2013-2015 no Sudeste do Brasil, é inevitável que ocorra a redução dos níveis e até secagem dos poços de água de baixa e de média profundidade (de até 30 metros) situados nos terrenos urbanos e rurais de domicílios particulares que não tinham água canalizada. Exemplos: O poço artesiano operado pela SANASA no bairro Village Campinas encontrava-se praticamente seco em abril de 2014; A maioria dos poços convencionais e semiartesianos do Parque Bananal, um dos onze bairros residenciais da cidade de Campinas que ainda não dispunham de água canalizada, estava sem um pingo de água no final de julho de 2014; Um poço de 25 metros de profundidade de um sítio particular de Joaquim Egídio que sempre encontrava-se cheio até 2013, chegou a secar no fim de 2014; Um poço de água de 3 metros de profundidade de uma chácara em Valinhos secou e o proprietário teve de fazer ligação com a rede da empresa de tratamento e abastecimento público de água do município; O mesmo ocorreu nas chácaras situadas no Vale das Garças, no Distrito de Barão Geraldo, em Campinas, com os poços rasos ("poços caipiras") da dona de casa, Neusa Schipionato, e do horticultor Dorival Aparecido de Souza. Este último teve que abandonar a sua horta, pois não tinha como regá-la. No bairro rural da Chácara Recreio Santa Fé, também em Campinas, formado por sessenta domicílios que dependem de água de poços rasos locais, em agosto de 2014 conseguiam retirar somente 100 litros de água de cada poço, quando em épocas normais tiravam 1,5 mil litros. Um de seus moradores passou a "emprestar" três vezes por semana, de um poço de uma chácara vizinha, uma quantidade de água capaz de encher dois toneis de um mil litros para dividi-la com outras dez pessoas de sua rua. Na zona rural de Bragança Paulista, o sitiante Natalício Correia Vilela viu o nível de água de seu poço caseiro declinar de 3 metros para 70 centímetros, tendo, evidentemente, que diminuir a produção de sua horta. Moradores de comunidades rurais do município mineiro de Três Corações que não dispunham de poços de água semiartesianos passaram a ter suas caixas de água abastecidas por caminhões-pipa contratados pela prefeitura municipal, os quais retiravam a água da estação de tratamento de água local da Companhia de Saneamento de Minas Gerais (COPASA).

Os moradores de bairros periféricos de cidades paulistas que não possuíam caixas d'água em suas residências trataram de adquiri-las, preferindo as de 1.000 litros, e os que já as possuíam compraram tambores de 200 litros para garantir reservas destinadas às necessidades básicas. Como o produto chegou a esgotar em muitas lojas de materiais de construção do Estado de São Paulo, aqueles que não a encontravam para pronta entrega, faziam a reserva da sua, pagando adiantado, para recebê-la duas ou três semanas depois.

Em alguns domicílios de determinados bairros da cidade de Itu-SP, a contar do dia 4 de novembro de 2013, não havia água nas torneiras havia cinquenta dias. Seus moradores tinham que se locomover cerca de sete quilômetros e esperar perto de uma hora, de dia ou de noite, para encher galões com água potável de uma bica situada ao lado da fábrica de bebidas do grupo Brasil Kirin. Para abastecer sua residência, um destes moradores de Itu chegou a improvisar uma caixa d'água de 500 litros na carroceria de sua camioneta, com uma bomba, mangueira e extensão elétrica, o que provocou o aumento em sua conta de energia elétrica. Foram instalados galões e/ou garrafões de água nas pias das cozinhas residenciais e comerciais para beber, cozinhar, lavar louças, bem como nos banheiros para a assepsia diária e a descarga do vaso sanitário.

Esta água era obtida em reservatórios provisórios, instalados em logradouros públicos, em bicas, nascentes ou em poços caipiras de lençóis freáticos públicos e privados. Havia, porém, um inconveniente, pois, segundo o engenheiro hídrico, Antônio Eduardo Giansante, "a água proveniente de lençol freático é água recarregada da chuva, se tiver sujeira ou contaminação no solo, vai para esta água também. Fora isso, se houver esgoto perto ocorre contaminação". (*apud* Maria Fernanda Ziegler, *IG-São Paulo*, 28/10/2014).

Desde o momento em que havia decretado, em fevereiro de 2014, a interrupção revezada no fornecimento de água tratada e canalizada aos domicílios de diversos bairros da cidade de Itu, a princípio, a empresa particular local de abastecimento, a *Águas de Itu*, estabeleceu que o corte durasse oito horas por dia, mas passou para quatorze horas depois de 6 de maio de 2014. Na maioria dos domicílios da cidade o fornecimento dar-se-ia apenas uma vez por semana a partir de julho. A Prefeitura Municipal ainda liberou para toda a população o uso diário de poços e chafarizes públicos de água potável, além de instalar provisoriamente caixas coletivas de 20 mil litros de água potável em diferentes logradouros públicos ou, então, de meados do segundo semestre de 2014 em diante, abastecê-la com caminhões-pipa. Os ituanos carregavam diversos tipos de vasilhas e se aglomeravam em longas filas – de dia, de noite ou de madrugada – nestes reservatórios coletivos provisórios, chafarizes públicos e caminhões-pipa a fim de garantirem o abastecimento de suas famílias. Com o objetivo de manter a ordem e evitar brigas e pilhagens nessas aglomerações, guardas civis municipais e policiais militares estaduais integraram um Comitê de Gestão da Água, comandado por um coronel da Polícia Militar. Mesmo assim, não houve como evitar roubos de água em domicílios particulares de Itu. Uma padaria da cidade teve todo o conteúdo de seis mil litros de sua caixa d'água retirado por três homens que usaram mangueiras, galões e tonéis. Quem fizesse um *tour* pelos quatro cantos da cidade de Itu naqueles meses viria – a qualquer hora do dia ou da noite – uma porção de caminhões-pipa com placas de Sorocaba, Campinas, Jundiaí, Indaiatuba, Americana, Piracicaba, Aguaí, Lins, dentre outras cidades, rodando diariamente pelas ruas, com seus tanques carregados com milhares de litros de água. Faziam parte do mesmo cenário naqueles tempos em Itu, gente carregando, a pé, baldes, garrafas, garrafões, galões e tonéis, cheios de água ou por enchê-los, ou então, uma porção de automóveis de todos os tipos transportando-os de montão em suas carrocerias ou porta-malas.

Novamente em Itu, no mês de abril de 2014 a dona de casa, Maria Marlene, morava num bairro equipado com rede e ligações de água e esgoto, mas que havia ficado uma semana sem água. Quando a sua casa voltou a ser abastecida com água tratada e canalizada, isso ocorria de forma parcial e descontínua, só uma vez a cada dois dias e no período da madrugada. Como escreveu o cronista do jornal *O Estado de São Paulo*, José Maria Tomazela, a chegada da água tinha hora marcada: às 03:00hs. Dona Maria deixava a torneira do banheiro ao lado do quarto aberta para que ela despertasse tão logo a água começasse a escorrer. Doravante, ela se levantava apressadamente da cama para encher de água tratada vários recipientes de sua casa, além de conferir se a sua caixa d'água de 500 litros estava completa (jornal *O Estado de São Paulo*, 06/04/2014).

Uma das atividades caseiras que os brasileiros mais gostam de executar, mormente nos finais de semana, é a lavagem de seus automóveis. No entanto, estas praticamente tiveram decretado o seu fim, da mesma forma que as lavagens de calçadas diante das residências. Os habitantes das cidades paulistas abastecidas pela *Sabesp* deixaram estes hábitos de lado porque visavam receber o bônus oferecido pela companhia de saneamento básico do Estado de São Paulo ao diminuírem o consumo de água em suas casas ou evitar as multas impostas pelas prefeituras municipais.

Dentre as consequências que a mudança nesta prática corrente ocasionou destaca-se, a princípio, o aumento, em torno de 50%, dos serviços de lavagem de automóveis particulares em postos de gasolina e/ou estacionamentos providos de poços artesianos e de mangueiras e de outras instalações propícias para lavagens rápidas. Edival Severino, empregado de um lava-rápido do Bairro do Limão, na cidade de São Paulo, teve seu trabalho dobrado enquanto que em sua casa faltava água toda semana. Com o prolongamento da estiagem e o agravamento da crise hídrica no Estado de São Paulo ao longo do ano de 2014, até mesmo este negócio começou a ser afetado por volta de agosto, com sua clientela caindo, em alguns casos 50%, como foi o que ocorreu com Isaías Júnior, de Campinas, cujo lava-jato chegou a receber só um carro por dia em julho. Em Americana, um lava-jato do Bairro São Domingos teve uma queda de 44% no movimento desde o início do segundo semestre de 2014. Com o recrudescimento da crise hídrica, de dezoito carros por dia, o estabelecimento passou a lavar dez.

Todavia, outro trabalho caseiro muito comum nos domicílios residenciais de incontáveis famílias paulistas, a lavagem dos pisos internos e externos tiveram de se ser suspensos. Entretanto, a sua suspensão completa seria insuportável. Diminuí-las, tudo bem. E quando passaram a ocorrer esporadicamente, nas casas mais modestas, eram feitas com aproximadamente cem litros de água guardados em baldes ou tambores. Tal volume de água provinha das raras chuvas ou das descargas das máquinas de lavar e dos banhos de chuveiro, resultando numa redução de no mínimo 10% nas contas de água de quem assim procedia. Houve casos em que a conta de água de domicílios residenciais comuns do Estado de São Paulo diminuiu 50%. Em Valinhos, mais do que uma redução superior a 57% na sua conta mensal de água, em janeiro de 2015 uma família também conseguiu armazenar dez mil litros de água de chuva em três cisternas acopladas a uma das calhas da casa. No caso de Campinas, a fim de coibir o desperdício de água tratada e canalizada fornecida pela SANASA, a Prefeitura de Campinas decretava que proibia o seu uso para a limpeza de calçadas e lavagem de carros em residências. Caso alguém fosse flagrado por um dos 221 agentes fiscalizadores do município realizando tal desperdício, a Prefeitura o notificaria e, havendo reincidência, lhe aplicaria uma multa com valor correspondente a três vezes a conta usual de água. Em meados de fevereiro de 2014, a empresa campineira de saneamento básico já recebia cerca de noventa e dois telefonemas por dia com denúncias de uso irresponsável da água tratada e canalizada e, até 29 de agosto, o total de notificações somava 6.438 denúncias.

Quanto à lavagem de pisos internos e externos de condomínios residenciais e comerciais, horizontais e/ou verticais, cuja frequência era antes semanal, passaram, então, a ser mensal, o que ocasionou uma redução media de consumo ao redor de 18%. Aliás, se para este tipo de lavagem antes eram usadas com maior frequência mangueiras e lavadoras de piso de alta pressão, depois, com a crise hídrica, o que passou a ser mais utilizado foram os baldes. E para uma economia maior de água nesses lugares, as lavagens foram suspensas e a limpeza passou a ser feita apenas com o uso de vassouras.

Outra privação digna de apreço a que alguns habitantes da maioria das cidades paulistas tiveram que submeter-se foi a diminuição na frequência da lavagem de peças de roupas de corpo e de cama, usando-as por mais tempo, por dois ou três dias seguidos, sem trocá-las e só lavando-as depois de acumuladas em quantidades maiores. Gabriela, moradora de Itu, só lavava as roupas da família uma vez por semana no início de 2014. No bairro Parque das Nações, situado às margens do Rio Atibaia entre Campinas e Jaguariúna, em fevereiro do mesmo ano, a dona de casa Maria Helena Xavier lavava as roupas de corpo da família, na mão, a cada 15 dias. Como, desde o Outono e o Inverno de 2014, as cidades do litoral paulista não tinham sofrido com a escassez de água para os seus sistemas de abastecimento público, num final de semana do mês de outubro uma dona de casa de Campinas, proprietária de uma casa de veraneio em Itanhaém, levou 100 kg de roupas de sua família nuclear e estendida para serem lavadas.

Contudo o maior de todos os desprazeres que os domiciliados em São Paulo e em outras cidades paulistas tiveram que encarar, foi o impedimento de fazer aquilo que todo e qualquer brasileiro muito estima e pratica: o banho corporal.

No final da primavera de 2013, um morador de Itu, o representante comercial Roberto de Souza, viajava 30 km, três vezes por semana, para tomar banho e lavar roupas na casa de seu irmão em Indaiatuba. A gerente de restaurante, Regina Ávila, ia diariamente à casa da mãe, em Salto, para se banhar. Na Capital Paulista, no Verão de 2014, houve quem reduziu-se a tomar banho de caneca na bacia nos finais de semana por causa do desabastecimento, como foi o caso de dona Maria José Inácio Calimério, de 91 anos de idade, residente na Vila Ayrosa, Zona Norte de São Paulo. Outra moradora do mesmo bairro passou a dar banho no seu filho em um pequeno num balde e na casa de uma família composta por quatro pessoas, todas utilizaram até 10 litros de água estocada num tambor para se banhar. O aposentado Antônio Resende, morador da região da Capela do Socorro, ficou inúmeras vezes sem água no chuveiro no exato momento em que se ensaboava, tendo que recorrer à agua estocada na lavanderia em baldes, bacias ou galões para tirar o sabão do corpo. Num dia de abril de 2014, em Itu, três filhos de Edivan Lucas de Souza, morador do bairro Bom Viver, tiveram de tomar banho de chuva. No bairro Jardim Cumbica, da cidade de Guarulhos, entre novembro e dezembro, a dona de casa Margarete Guedes Brito, mãe de quatro filhos, ficou um mês sem ter água em sua caixa d'água, tendo de dar banho em suas crianças com lenço umedecido. No segundo semestre de 2014, os ituanos Victor Terraz e sua esposa, Silvia, ficaram quase sessenta dias sem abastecimento de água tratada em casa, sendo obrigados a tomar banho de caneca, dar descarga no vaso sanitário uma só vez a cada três dias e a lavar o rosto e as mãos com água depositada em um pote de sorvete colocado dentro da pia do banheiro. Para poderem realizar estas tarefas mesmo que precariamente, Victor ia todos os dias, às 23 horas, buscar água na bica mais próxima de sua casa, depois que retornava da faculdade. Entre abril e junho de 2015, a autônoma Fernanda Peixoto Alves Pita, moradora da Vila Diva, na cidade de São Paulo, bairro em que as residências ficavam 19 horas/dia sem abastecimento de água tratada e canalizada, tinha que levar sua filha no colo, à noite, no verão ou no inverno, até a casa de sua sogra para dar-lhe banho. Em agosto de 2015, mesmo depois de ter terminado o longo e drástico racionamento de 2014 na cidade de Itu, alguns de seus moradores passaram a tomar banho em conjunto em casa. A jovem babá ituana, Valéria Moraes, colocava os seus cinco sobrinhos debaixo do chuveiro para banhá-los todos de uma só vez.

Nas residências da cidade de São Paulo que a partir de abril de 2014 passaram a ter, quase que diariamente, interrupções no fornecimento de água tratada e canalizada por seis ou nove horas seguidas de noite e de madrugada, quando a água voltava era turva, esbranquiçada ou barrenta e com forte cheiro de cloro. Isso impedia a sua utilização para o preparo de refeições e até mesmo que os convalescentes e as crianças pudessem bebê-la.

Uma das causas destas interrupções no abastecimento era que a *Sabesp* havia então reduzido 75% da pressão nas redes entre 00:00h e 05:00hs.

Alguns batizaram este procedimento de "racionamento noturno".

Claro que esta diminuição da pressão da água tratada nas redes de distribuição também diminuiu a pressão nas descargas de vasos sanitários de domicílios localizados em bairros periféricos de várias cidades paulistas, abastecidas pela *Sabesp*. Destarte, o acionamento das descargas do(s) vaso(s) sanitário(s) ficou com hora marcada, somente de manhã e/ou de noite, depois que todos os membros de cada residência o(s) tivessem utilizado. Caso não houvesse pressão suficiente para esta(s) descarga(s) programada(s) dos dejetos, baldes ou bacias eram usados. Depois disso, para lavar as mãos, tinham de fazê-la de modo diminuto, caso ainda sobrasse água.

Nas cidades de Santo André e Osasco, os domicílios residenciais que já vinham sofrendo desde março de 2014 com interrupções parciais no fornecimento de água tratada e canalizada, de uma a duas vezes por semana, a partir de abril os cortes tornaram-se diários, sempre no período vespertino.

Na Região Metropolitana de Campinas, houve casos de moradores de determinados bairros da cidade de Sumaré que ficaram duas semanas sem água. Dez meses depois, no bairro Matão, da mesma cidade, os seus moradores ficaram uma semana sem fornecimento de água tratada e canalizada, obrigando o porteiro Luciano Silva a pedir água para parentes de Campinas para encher um barril que lhe facilitasse, pelo menos, o banho de caneca em sua própria casa. Moradores do bairro Cidade Jardim

II da cidade de Americana passaram a pegar água de um chafariz público na Praça Oscar Ignacio de Sousa.

No bairro paulistano do Jaguaré, todos os dias, às 19h30, cortava-se o fornecimento de água tratada e canalizada aos domicílios residenciais. Moradores de apartamentos do conjunto de prédios de quatro andares, sem elevadores, da *Cohab Santa Etelvina*, no bairro popular Cidade Tiradentes, ficaram sem abastecimento de água tratada e canalizada de 11 a 18 de fevereiro de 2015, o fez secar a caixa d'água de 30 mil litros. Nos dias em que o nível de água do tanque ficava muito baixo, a bomba não funcionava, obrigando os moradores a descer com baldes e galões na área térrea da caixa d'água e depois subir as escadarias carregando-os cheios.

Até moradores do bairro paulistano de classe média do Alto da Lapa ficaram dias sem água, tendo que obtê-la através da contratação de serviços privados de caminhões-pipa ou "emprestando" de amigos e parentes de outros bairros. A arquiteta Leia Rodrigues, seu marido e sua filha, moradores do bairro Parada Inglesa, de classe média-alta, passaram a tomar banhos diariamente no Clube Esperia em uma semana de interrupção no abastecimento de água em sua residência em outubro de 2014. O marido saía cedo de casa para tomar banho e fazer a barba no clube antes de ir para o trabalho.

Por ter ficado quatro dias seguidos com sua pastelaria, no bairro Bom Retiro, sem água, Sueli Viana levava então toda a louça suja para ser lavada na sua residência, na Penha.

Nas cidades de Santo André e Osasco, os domicílios residenciais que já vinham sofrendo desde março de 2014 com interrupções parciais no fornecimento de água tratada e canalizada, de uma a duas vezes por semana, a partir de abril os cortes tornaram-se diários, sempre no período vespertino.

Embora os terrenos da maioria dos clubes de recreação e de esportes da Capital paulista e das cidades do interior tenham lagos e poços artesianos de onde retiram água para a manutenção e o funcionamento de todas as suas atividades fins e para o consumo de seus associados e convidados, a aguda e demorada estiagem de 2013-2015 também os pegou.

Em campinas, por exemplo, o Clube de Campo da Fonte São Paulo trabalhava, em outubro de 2014, com dois poços semiartesianos, cujas bombas ficavam, durante o dia, desligadas por duas horas e ligadas por uma hora. A lagoa do Clube Santa Clara do Lago literalmente secou e o nível de água da lagoa do Clube Militar encolheu cinco metros, obrigando a sua diretoria a aumentar o uso de seus dois poços artesianos e a adquirir dois tanques de 15 mil litros cada para a lavagem de áreas comuns e irrigação de campos de futebol e outros gramados. O Clube Regatas teve que contratara dois caminhões-pipa de 30 mil litros para a regadura dos campos de futebol.

E os banhos de piscina? Os clubes de lazer e de desporto estabeleceram restrições?

Se até então não se conhecia restrições deste tipo nos clubes paulistas, no Condomínio Cores da Barra, localizado no bairro da Barra Funda, São Paulo-Capital, em outubro de 2014 ficou determinado que o uso de sua piscina de 300 mil litros de água poderia ser usado pelos seus condôminos somente nos finais de semana. No Condomínio Alto do São Bernardo, em Campinas, foi instalada uma cisterna ao lado da piscina coletiva de 290 mil litros para reservar a água dali captada com a função de decanta-la e fazer a retro-lavagem do filtro, devolvendo-a por gravidade à piscina. Outros condomínios verticais e horizontais com piscinas investiram em novos e mais eficazes sistemas de filtragem para eliminarem o processo de decantação, causador de grande perda de água.

Para a população paulista beber e cozinhar, as garrafas ou galões de água eram preferencialmente do tipo mineral, comprados no comércio varejista. Desde 2013, os habitantes de Itu que podiam, pagavam aos caminhões-pipas de empresas privadas R$130,00 por mil litros de água potável para abastecer suas residências e casas comerciais. Já alguns pequenos empresários, como donos de bares e restaurantes, chegavam a gastar cerca de R$200 por semana.

A busca de água de minas/nascentes públicas ou particulares, com ou sem fontanário, tornou-se um fato corriqueiro no dia-a-dia dos habitantes de várias cidades paulistas como, por exemplo, de Paulínia, onde se localiza a nascente com bicas Rosa Amélia, no Bairro João Aranha. Tanto pessoas residentes em Paulínia que já tinham o costume de pegar água neste lugar, quanto alguns moradores do Distrito de Barão Geraldo, em Campinas, que não tinham este hábito, passaram a fazê-lo e com regularidade.

Há dez dias sem água em suas residências, numa rua do bairro ituano do Jardim Padre Bento, moradores desesperados quebraram à marretadas o pavimento e tubulações que ocultavam um riacho que ainda corre por um canal subterrâneo. Depois de tornar este córrego urbano acessível para a retirada de água, a população local fazia filas para encher baldes, galões e garrafões. Dona Maria Aparecida da Silva fez uma simpatia aprendida com sua mãe, colocando uma pequena imagem de São José num copo com água, deixando-o ali por cinco meses na esperança de que o santo fizesse cair água do céu. Até procissão a população ituana fez para que Deus mandasse a chuva de que tanto careciam.

Ainda em Itu, Roberto Nunes Junior, morador novo na cidade, montou em sua casa, em setembro de 2014, um tipo de reservatório doméstico ao comprar duas caixas d'água, duas bombas e uma piscina inflável, abastecida por caminhão-pipa, pagando por tudo isso R$2.000. Dona Maria Glória Campos da Rocha e seu marido deixaram de residir numa casa de condomínio em Itu para morar num apartamento próprio em Sorocaba.

No dia 22 de setembro, um grupo de moradores de Itu foi à Câmara Municipal para protestar contra o desabastecimento de água em suas residências, atirando pedras e ovos nos vereadores, além de causarem quebradeira no prédio do legislativo municipal, suspendendo suas sessões por quinze dias. No mês seguinte outras manifestações contra a falta d'água ocorreram nas rodovias SP-75 e SP-79, interditadas com a queima de pneus velhos.

Na cidade de Americana, a partir de meados de outubro de 2014 várias residências familiares ficaram diariamente sem o provimento de água tratada e canalizada durante quase o dia todo. Quando voltava, entre 00:00 hora e 01:00 hora, mal enchia as suas caixas além de vir esbranquiçada ou amarelada ou verde ou marrom. Os integrantes destas famílias arriscavam-se a utilizar o pouco da água de que dispunham para determinada(s) atividade(s) em detrimento de outra(s). Quando num dia tomavam banho, deixavam de lavar as roupas e de limpar os pisos da cozinha e do banheiro. Para preparar as refeições e lavar panelas, louças e talheres preferiam comprar galões de água mineral ou buscavam água incolor dos poços semiartesianos públicos ainda disponíveis.

Segundo relatórios feitos ela Vigilância Sanitária do Estado e a Comissão Especial de Acompanhamento da Crise Hídrica, da Câmara Municipal de Americana, sobre a qualidade da água canalizada então fornecida aos americanenses, comprovou-se que produto estava com excesso de poluentes e malcheiroso, não sendo então potável.

Na cidade paulista de Pilar do Sul, região de Itapetininga, depois de ter ficado vários dias do mês de dezembro sem provimento de água tratada e canalizada, quando esta voltou uma moradora do bairro São Manoel aproveitou para encher de vestes a máquina de lavar roupas, mas como a água estava amarronzada, todas ficaram manchadas.

A escassez e a queda na qualidade da água tratada fornecida aos domicílios residenciais urbanos do Estado de São Paulo aumentou o consumo de água mineral pela sua população a partir do segundo semestre de 2014, ocasionando um reajuste médio no preço do litro do produto três vezes acima dos índices oficiais de inflação de 2013 e 2014.

Deve-se frisar que não foi apenas para as pessoas que houve a diminuição da prática do banho corporal, tão cara a elas, mas também os banhos nos seus animais domésticos em suas residências. Consequentemente, nos primeiros seis meses de 2014 transferiu-se esta atividade aos *pet shops*, principalmente para aqueles situados em bairros então pouco ou em nada atingidos pela falta de água. Aquelas que não queriam ou não podiam arcar com os custos de assear seus animais domésticos nos *pet shops*, aproveitavam os raros dias de chuva com o fito de coletar as águas pluviais em bacias e/ou baldes para tal finalidade e também para regar os vasos de flores e até lavar louças. Com o passar do tempo nem mesmo os *pet shops* ficariam livres do desabastecimento de água, tendo que limitar ou cancelar seus serviços de tosa e banho de animais domésticos.

De qualquer modo, muita gente aprendeu a reaproveitar a água utilizada na lavagem de louças e de roupas, bem como no banho de pessoas e de animais domésticos em domicílios residenciais e comerciais a fim de se realizar a limpeza dos seus pisos externos e internos.

Alguns moradores de casas com piscina passaram a utilizar a água ali armazenada para estas lavagens.

Nos bares e restaurantes particulares e em refeitórios de estabelecimentos públicos e privados incrementou-se a utilização de copos de plástico descartáveis, diminuindo assim o consumo de água para lavagens dos recipientes de vidro. Numa unidade de uma rede de restaurantes de cozinha chinesa de Campinas, houve uma economia de 60% na conta de água. Nos restaurantes mais finos, os guardanapos de pano foram substituídos pelos de papel.

Se já falamos do desprazer e do mal-estar que a diminuição forçada do banho corporal trouxe aos brasileiros residentes nas cidades do Estado de São Paulo afetadas pela crise hídrica de 2013-2015, o que dizer então do dissabor causado pela limitação ou interrupção no preparo das refeições diárias tanto em residências como em bares e restaurantes?

O marceneiro Eduardo Bello, residente na Vila Rocha, em Parelheiros, Zona Sul de São Paulo, não tendo mais como lavar louças, desde abril de 2014 deixou de usar pratos para consumir suas refeições em casa, comendo-as diretamente na(s) panela(s).

Embora os habitantes deste ou de outros bairros remotos da região Sul de São Paulo não dispusessem de água canalizada por residirem em áreas de preservação ambiental, nos anos de normalidade climática sempre fizeram uso de diversos poços de água potável de pequeno e médio porte. Todavia, a pronunciada estiagem de 2013 a 2015 fez secar todas essas cacimbas já no mês de abril de 2014, obrigando-os a buscar água potável nas minas situadas a dois ou três quilômetros de distância, no meio das matas próximas do Parque da Serra do Mar.

Tendo tudo a ver com aquela questão da limitação da preparação das refeições em casa, o aumento dos preços de alimentos de origem animal e vegetal, *in natura* ou processados, também se somou aos constrangimentos provocados à população brasileira, em especial aos do Sudeste do país que vivenciavam a grave crise hídrica de 2013-2015.

Segundo o jornal *Valor Econômico*, na primeira quinzena de fevereiro de 2014 houve elevação nos preços do boi gordo (17%), milho (6,45%), café (19%), ovos (entre 10,9% e 18,3%) e da pera (39,6%). O jornal *Notícia Já* informava que em Campinas os preços de hortaliças, legumes e frutas estavam em fevereiro de 2014, em média, quatro vezes mais alto do que no mês anterior. Com base em dados do Instituto de Economia Agrícola (IEA) da Secretaria da Agricultura e Abastecimento do Estado de São Paulo, o periódico campineiro *Correio Popular*, de 17 de maio de 2014, enumerava os aumentos ocorridos, de março de 2013 a março de 2014, nos preços da banana nanica (153,80%), café (44,82%), carne bovina (25,38%), laranja (19,72%), batata (12,89%) e do leite cru resfriado (8,19%). Em dezembro, subiram os preços do abacaxi (21%), da laranja (24,6%), do limão (109,7%), do maracujá (28,2%) e da uva (31,6%). No inicio mês de fevereiro de 2015, houve mais reajustes nos preços das verduras e dos legumes por causa, principalmente, da falta de chuvas. De acordo com pesquisa do jornal *Correio Popular*, no CEASA-Campinas o preço do repolho subiu 43,11%, o da alface 29,35% e o do tomate 22,22%.

Como se não bastassem as temporárias, mas frequentes, interrupções no provimento de água tratada e canalizada aos domicílios residenciais e comerciais paulistas, estes tiveram igualmente de amargar o corte no fornecimento de energia elétrica devido à diminuição da produção nas pequenas usinas hidrelétricas, causada, por sua vez, pela baixa vazão dos rios estaduais.

A Companhia Paulista de Força e Luz (CPFL) foi, por exemplo, obrigada a cessar, por tempo indeterminado, a operação de três pequenas usinas da região de Campinas no início de fevereiro de 2014. Se por um lado, a suspensão das operações destas usinas hidrelétricas da CPFL assegurava uma vazão maior dos rios locais nos pontos de captação de água bruta das empresas municipais de saneamento básico, por outro lado também podia lhes causar problemas, pois sem energia elétrica não tinham como fazer funcionar suas bombas de água na captação, nas ETAs e nos reservatórios urbanos. Outra consequência da queda na produção de hidroeletricidade foi o aumento na conta de luz para domicílios residenciais, comerciais e industriais devido à escassez de chuva e os baixos níveis de água armazenada não somente nas represas das pequenas hidrelétricas do interior paulista, como também nas grandes usinas hidrelétricas do Sudeste e Centro-Oeste.

Por falta de água em suas caixas, falta esta causada por um desabastecimento de dois ou mais dias consecutivos de água tratada e canalizada, escolas públicas e particulares de diversas cidades do Sudeste do Brasil interromperam suas atividades.

Na segunda semana de abril de 2014, no bairro Cupecê, na zona Sul de São Paulo, alunos de uma escola estadual foram aconselhados a ficar em casa por dois dias e uma escola particular dispensou seus alunos das aulas. Uma Unidade Básica de Saúde do Jardim Umuarama ficou sem receber água tratada e canalizada por dois dias. A situação das unidades municipais de saúde na cidade de São Paulo pioraria com o passar do tempo, pois em janeiro de 2015, cento e treze delas haviam topado com a falta de água tratada e canalizada, necessitando do socorro de caminhões-pipa da Prefeitura que, entretanto, não teve condições de abastecer todas elas. Na escola Progresso Santa Maria, localizada na Vila Nova Cachoeirinha, o banho das crianças do Maternal II passou a ser feito com lenços umedecidos. Mas onde realmente o desabastecimento de água decorrente da longa e intensa estiagem de 2014 afetou em cheio o esvaziamento das caixas d'água de escolas públicas e, portanto, a total paralização de suas atividades, foi em Cristais Paulista. No início de outubro, os 1.600 alunos das escolas municipais deste município da região de Franca-SP foram dispensados das aulas até o final do mês em decorrência do Estado de Emergência decretado pelo prefeito por efeito do racionamento diário de 20 horas que já durava semanas. Durante quinze dias, as aulas também foram suspensas nas escolas públicas do município de Oliveira-MG. Numa escola de outro município mineiro, Campanha, houve o corte de determinadas refeições e bebidas da merenda dos alunos, tal como o macarrão, sucos artificiais e até agua potável. Creches da rede pública da cidade de São Paulo deixaram de dar banhos nas crianças, pedindo aos pais para elas já viessem de casa de banho tomado. Para os pais que não tinham água em casa, os dois banhos diários que antes eram usualmente dados nos bebês nas creches, passaram para um a partir de setembro de 2014. Em outubro, a Prefeitura da Cidade Universitária da Universidade de São Paulo (USP) suspendeu a regadura de gramados e jardins, bem como a lavagem de muros, pátios, calçadas e lixeiras. A mesma regra foi adotada no Campus da *Esalq*, em Piracicaba, resultando numa economia de 85% no consumo de água no mês. Em novembro, a Secretaria Municipal de Educação de Mairinque enviou para as diretoras de escolas públicas municipais ofício vetando as escovações de dentes dos estudantes. Entretanto, por oposição dos pais dos alunos, esta ordem foi revogada. Em 24 de fevereiro de 2015, uma creche particular do bairro de Perdizes, na capital paulista, interrompeu seus serviços depois de ter ficado quatro dias sem abastecimento pela *Sabesp*, levando ao esgotamento de suas caixas d'água. Nestes dias de privação de água tratada e canalizada, a preparação das refeições, a dessedentação, os asseios corporais e até os banhos dos bebês foram feitos com água mineral. Os funcionários do berçário usavam o banheiro de uma padaria vizinha para fazer suas necessidades e higienes corporais.

Até mesmo quem saia de casa para uma noite de lazer ou de programa cultural, deparava-se com a falta de água no bebedouro e nos banheiros de salas de cinema ou de teatro, como no caso do público que foi ao Teatro do Ator, na cidade de São Paulo, em abril de 1974.

Quando não está num bar ou em casa fazendo churrasco e tomando cerveja com os amigos e parentes, assistindo um jogo de futebol, novela ou programa de auditório, fazendo sexo, tomando banho de chuveiro, de banheira ou de piscina, lavando ou dirigindo o seu automóvel, orando numa missa ou culto, o que mais apraz o brasileiro nas suas horas vagas? Jogar futebol, é claro.

Contudo, a crise hídrica de 2013-2015 também provocou a diminuição e até o cancelamento de peladas de futebol de campo por falta de irrigação dos gramados pertencentes às prefeituras municipais ou aos clubes particulares.

E para os que têm como hobby ou como ganha-pão a pesca, esta atividade teve sua fiscalização aumentada no Estado de São Paulo em virtude de não ter havido o fenômeno da piracema nos Rios das bacias e sub-bacias dos rios Piracicaba, Capivari e Jundiaí, geralmente iniciados no mês de novembro.

Estimava-se que, até 25 de fevereiro de 2014, apenas 15% dos peixes da região haviam conseguido se reproduzir. No início do mês de abril, a bióloga Luiza Ishikawa Ferreira previa que algumas espécies de peixes sumiriam do Rio Atibaia com o prolongamento da estiagem e das altas temperaturas, o despejo ilícito de lixo e de esgoto doméstico e industrial *in natura*. O problema se agravava com a reduzida vazão do rio, mesmo com a chegada da água da primeira cota do "volume morto" do Cantareira em 20 de maio de 2014. Aliás, o já citado "guardião do Atibaia", Rubens Godoy, atestava que os peixes grandes haviam então sumido dali, que só sobrava o pequeno Lambari, em pouca quantidade e contaminado. Outro morador de Sousas, o mecânico Pedro Alberto de Souza Filho, disse que tempos atrás, quando ia regularmente ao Atibaia pescar "pegava até seis quilos de peixe por dia". O engenheiro ambiental do Consórcio Intermunicipal PCJ, Guilherme Valarine, constatava uma alteração na floração de árvores nativas, como a Paineira e o Jacarandá, que ora atrasavam, ora adiantavam a florada.

Aliás, no início do Verão de 2014 houve a mortandade de toneladas de peixes em diversos corpos e cursos de água doce das regiões metropolitanas de Campinas e de Sorocaba, cujos níveis estavam muito baixos devido às altas temperaturas, à falta de chuvas e, logo, à baixa concentração de oxigênio em paralelo ao excesso de poluentes químicos e biológicos. Além desta alta mortandade, esta conjuntura também obstava a reprodução dos peixes. O Rio Tietê, na altura da cidade de Salto, foi o que teve então a mortandade de peixes mais exacerbada (40 toneladas) em decorrência de um verdadeiro desastre ambiental causado por uma manta poluidora escura de 70 km de extensão. Na verdade, tratava-se de uma manta de lodo e de resíduos orgânicos e inorgânicos revolvida das entranhas à superfície do Tiete, em São Paulo, pelas fortes chuvas que haviam caído na capital paulista nos últimos dois dias de novembro. De acordo com informações obtidas da *Cetesb* pelo jornalista de *O Estado de São Paulo*, Chico Siqueira, o fenômeno era "natural" e comum de ocorrer quando caem chuvas intensas nos rios com vazão reduzida após uma longa estiagem. Mas para alguns velhos moradores de Salto, a sujeira derivava do aumento da poluição do rio desde a cidade de São Paulo, sem que fosse realizada limpeza alguma por ali ou a jusante. Claro que a causa mais profunda desta degradação do Rio Tietê estava no aumento da sua poluição tanto na Região Metropolitana de São Paulo quanto fora dela, constatado há anos, aliás. Contudo, para se estender para o interior paulista e causar tantos estragos numa vasta área irrigada por importantes bacias hidrográficas, este fator teria de estar acompanhado da prolongada escassez de chuvas e do tempo quente que, por conseguinte, reduziam drasticamente a vazão dos rios, a qual piorava com a frequente retirada de água da *Sabesp* do Sistema Alto Tietê para abastecer o Sistema Cantareira.

O problema da alta letalidade de peixes nos corpos de água paulistas voltaria a ocorrer no início do Outono, só que desta vez no Rio Piracicaba. No ano todo de 2014, vinte toneladas de peixe morto foram retirados deste importante rio paulista, que é o maior afluente do Rio Tietê. Segundo o biólogo e engenheiro ambiental, Welber Senteio Smith, a reposição de todas as espécies de peixes afetadas por esta tragédia ecológica do Rio Tietê demandaria quatro anos.

## IMPACTOS DA CRISE HÍDRICA DE 2013-2015 NAS ATIVIDADES ECONÔMICAS URBANAS E RURAIS DO SUDESTE DO BRASIL

Os baixos níveis chuvosos de longa duração verificados nos anos de 2013 a 2015 na região Sudeste do Brasil, até mesmo no Verão, deixaram de alimentar o solo, as lavouras e as pastagens de suas fazendas, bem como os rios, lagos, riachos e os reservatórios que moviam as plantas industriais situadas nos grandes centros urbanos.

Com ênfase às cidades das regiões metropolitanas de São Paulo, de Sorocaba e de Campinas, estas últimas banhadas pelos rios Atibaia, Jaguari, Camanducaia, Piracicaba, Capivari e Jundiaí, a crise hídrica resultante desta insólita situação climática deu início, em 2013, à redução e até à interrupção temporária e alternada no provimento de água tratada e canalizada às residências e aos estabelecimentos urbanos industriais, comerciais e de prestação de serviços. Pior ainda, acabaram desembocando numa queda continuada da produção física de diversas atividades produtivas, desde a pecuária e a agricultura até as industriais extrativistas e de transformação, cujo consumo de toda a água das bacias dos rios do PCJ girava em torno de 14% naquele ano. Tais contratempos tendiam a agravar a situação socioeconômica do Brasil por atingir justamente as regiões metropolitanas de São Paulo e de Campinas, então responsáveis por mais de 22% do PIB do Brasil.

Indústrias da Região Metropolitana de Campinas, o 3° maior parque fabril do país, como, por exemplo, a Rhodia, dependente da captação da água bruta do Rio Atibaia para a manutenção ou a elevação de sua produção física, desde a primeira semana de fevereiro de 2014 começou a reduzir o ritmo da produção de sua planta de Paulínia e chegou até parar por um tempo a unidade de produção de poliamida. Para não parar de vez esta unidade, a Rhodia investiu numa miniestação de tratamento de águas servidas para a produção de água de reuso. De um modo geral, outras empresas do Polo Petroquímico de Paulínia tiveram de reduzir em 50% o ritmo de produção. Para não alterar o andamento da produção na sua unidade situada no distrito campineiro de Sousas, a *Merck Sharp & Dhome*, suspendeu a captação de água do Rio Atibaia e passou a utilizar água fornecida por até sete caminhões-pipa por dia.

Dado que a diminuição da captação, da adução, do tratamento, da reservação e do fornecimento de água às unidades industriais locais atravancava a sua produção, ao mesmo tempo em que não conseguiam obter licenças para captar água em velhas e/ou novas fontes, o nível de desemprego aumentou, deixando um bom número de famílias de assalariados com menor capacidade de consumo não apenas de bens de primeira necessidade, mas igualmente de bens duráveis e semiduráveis.

Segundo dados apresentados em abril de 2014 pela Ciesp-Campinas, em março a produção industrial havia diminuído 32%, com um total de 650 demissões. Eduardo San Martin, Diretor de Meio Ambiente da Federação das Indústrias do Estado de São Paulo (FIESP), revelou que só nas cidades componentes da Região Metropolitana de Campinas (RMC) que dependem das bacias dos rios Piracicaba, Capivari e Jundiaí para se abastecer, em torno de 3 mil empregos deixaram de ser gerados de abril a julho 2014. Afirmou ainda o dirigente empresarial paulista que cerca de 12% das indústrias da RMC paralisariam suas linhas de produção caso houvesse racionamento oficial e generalizado no abastecimento de água tratada e canalizada. Quando o final do ano chegava ao seu fim, 72,7% dos empresários industriais filiados ao CIESP constataram queda em suas vendas, o que provocou a diminuição da produção e a eliminação de 950 postos de trabalho de janeiro a outubro.

Nas cidades de Santo André e Osasco, os domicílios comerciais que já vinham sofrendo, desde março de 2014, com interrupções parciais no fornecimento de água tratada e canalizada, de uma a duas vezes por semana, a partir de abril os cortes tornaram-se diários, sempre no período vespertino.

Duas cabeleireiras do bairro Vila Floresta, de Santo André, tiveram prejuízos financeiros. Em outubro, na cidade paulista de Cordeirópolis, interior de São Paulo, os donos de um salão de beleza, Edmar Gerônimo e Ana Amorim, só conseguiam tratar e lavar os cabelos de seus clientes com o uso de baldes.

Nos bares e lanchonetes do famoso bairro boêmio da Vila Madalena, em São Paulo, onde a *Sabesp* reduzia a pressão nas redes de fornecimento de água tratada das 21hs às 06hs, alguns de seus proprietários tiveram de fechar as portas de seus estabelecimentos duas ou três horas mais cedo. Os que quisessem continuar atendendo a sua clientela até altas horas da noite, horário de maior movimento, teriam que contratar caminhões-pipa para abastecer suas caixas de água. Além disso, para desgosto de seus clientes, trocaram os copos de vidro por copos plásticos e à noite deixavam de lavar louças, talheres e panelas, largando-as sujas na cozinha para lavá-las todas de uma só vez quinze ou dezesseis horas depois. No bairro do Jaguaré, onde todos os dias, às 19h30, interrompia-se o fornecimento de água tratada e canalizada aos domicílios residenciais e comerciais, o dono de um bar noturno, José Gonçalves, enchia de água vários baldes no período da tarde para à noite lavar as louças e talheres com caneca. Um dono de uma pizzaria no bairro Santa Terezinha ficou sem abastecimento de água em um final de semana, acarretando-lhe um prejuízo de dois mil Reais. Num bar do bairro paulistano de Santana, quando o seu dono, Vilso Dargas, e os fregueses precisavam lavar as mãos, tinham que enxaguá-las com garrafas de água deixadas no banheiro e/ou na pia da cozinha. Só assim, Dargas não era obrigado a fechá-lo. No mesmo bairro da capital paulista, os comerciantes e profissionais liberais que alugavam salas sem banheiro privativo num prédio pertencente a Francisco Norberto de Barros, quando ansiavam por fazer suas necessidades fisiológicas, tinham que levar um balde cheio de água.

Em uma academia de artes marciais do bairro de Perdizes, São Paulo-Capital, desde novembro de 2014 os chuveiros deixavam de funcionar das 18:00hs às 22:00hs por falta de água em sua grande caixa de 1.500 litros, obrigando o seu proprietário a dar um reembolso de 20% aos alunos mensalistas que a frequentavam neste horário.

A bonança experimentada pelos *pet shops* no início da crise hídrica, no começo de 2014, arrefecia no segundo semestre deste ano. Por não dispor o bastante de água, uma pequena empresa deste segmento, localizada no bairro Liberdade de Americana, teve de dispensar sessenta clientes nos meses de outubro e novembro de 2014, deixando de ganhar dois mil Reais. Outro pet shop do bairro São Vito ficou sem água tratada e canalizada de 27 de dezembro de 2014 a 8 de janeiro de 2015, perdendo R$250,00 por dia por não poder realizar os serviços de tosa e banho. Em Piraju, Diane Maia dos Santos não pôde prestar os mesmos serviços aos seus clientes no seu pet shop por uma semana, tempo que sofreu com o desabastecimento.

Os donos de pequenas empresas comerciais e industriais urbanas do Estado de São Paulo tiveram que investir em caixas d'água e/ou reservatórios particulares de médio e grande porte.

Na primeira quinzena de 2014, os comerciantes varejistas paulistas foram orientados pela federação do comércio estadual (*FecomercioSP*) a obterem caixas d'água maiores para aumentarem sua capacidade de reservação e resistirem ao advento do racionamento.

Em Itu, desde o inicio de 2014 uma loja de materiais de construção chegou a vender trinta caixas de água por dia e no segundo trimestre praticamente já não existiam mais para se comprar no comércio varejista daquela cidade. Os que não a encontravam para pronta entrega, tinham que encomendar, com pagamento adiantado, e esperar cerca de quinze dias para garantir a sua.

Já os domicílios comerciais e industriais maiores investiam em captações de águas subterrâneas por meio de poços artesianos profundos, o que fez dobrar os pedidos de outorgas para a instalação de novos poços em Campinas, de janeiro de 2014 a janeiro de 2015. Enquanto isso, os poços freáticos comuns, mais rasos e com pouco fluxo, ficaram com os seus níveis baixíssimos, comportando, no máximo, 22*cm* de água, como foi constatado, em fevereiro de 2014, em uma chácara do condomínio Recanto dos Dourados, em Campinas.

Aliás, um dos efeitos danosos de uma severa e prolongada estiagem é o de também exaurir os lençóis freáticos, na medida em que não há água suficiente para impregnar o solo, ainda de que isto não seja visível.

O senhor Pedro Lopes, um perfurador de poços de Campinas por vinte e cinco anos não estava conseguindo atender a todas as pessoas que o contatavam, fosse para aprofundar os seus poços já existentes, fosse para perfurar novos. E salientou o senhor Pedro que tinha que cavar muito mais fundo do que antes para encontrar água subterrânea. Em sítios da zona rural do município de Bragança Paulista, depois que poços de água com mais de 30 metros de profundidade haviam secado no começo de 2015, seus proprietários passaram a explodi-los com o uso dinamite de modo que encontrassem mais água nas suas profundezas.

Como a construção desordenada de poços caipiras também pode causar malefícios aos lençóis freáticos, ela ficou proibida desde maio de 2014 na região das bacias do PCJ.

Em todo o Estado de São Paulo, as lojas de material de construção foram surpreendidas com um aumento médio de 300% na venda de caixas d'água de 500 litros. Já as caixas d'água de grande porte aumentaram 150% na rede de lojas materiais de construção da *Telhanorte*. Em

Campinas, de janeiro a agosto de 2014, a comercialização deste tipo de caixa d'água cresceu na mesma proporção. Na *Leroy Merlin*, foram vendidas 89% a mais de caixas d'água de 2.500 a 5 mil litros. Para as caixas com capacidade de reservação ainda maior, de 6 a 20 mil litros, o crescimento nas vendas foi de 130%. Mas as vendas que mais cresceram foram as de cisternas: 150%. No mês de outubro de 2014, uma loja de material de construção no bairro Ponte Preta vendeu 240 caixas d'água de 500 litros e de hum mil litros em menos de três dias e as vendas só não continuaram no mesmo mês porque seu estoque ficou zerado e os fabricantes estavam demorando mais de quinze dias para entregar as novas encomendas. Em janeiro de 2015, as vendas de caixas d'água continuaram altas em Campinas, tendo havido um crescimento de 100% em comparação com janeiro do ano anterior.

Em 2014, a fabricante de bombas de água, *Indústria de Motores Anauger S/A*, de São Bernardo do Campo-SP, vendeu 560 bombas, 20% a mais do que em 2013, obtendo então um faturamento de R$120 milhões. Já as fábricas de materiais para saneamento, a crise hídrica de 2013-2015 abalou-as no primeiro trimestre de 2015. Se em 2014 as empresas deste segmento do segundo setor da economia ainda haviam registrado crescimento de 12,4% em seu faturamento, comparado com o ano de 2013, nos três meses iniciais de 2015 o que houve foi uma queda de 24%.

Como as constantes interrupções no abastecimento de água tratada e canalizada nas cidades paulistas durante os anos de 2013-2015 tolheram o seu consumo, principalmente para a ingestão, no primeiro semestre de 2014 a estiagem e o calor continuavam fortes, fazendo com que o consumo de água mineral aumentasse consideravelmente, em torno de 60%, comparado com o ano de 2013.

Não foi, portanto, fortuito que o reajuste médio no preço do litro do produto saltasse para 19% ante os preços cobrados naquele mesmo período do ano anterior. Por conseguinte, em maio-junho de 2014 um galão de 20 litros de água mineral custava em media R$28,00 nas padarias e nos bares e supermercados da cidade de Itu, enquanto que na cidade de São Paulo pagava-se de R$8,00 a R$15,00. Em Campinas, quatro meses depois, uma garrafa de 1,5 litros de água mineral custava entre R$2,51 e

R$2,95. As vendas das empresas coletoras, envasadoras e comercializadoras de água mineral da região de Campinas aumentaram em 100%, do mesmo modo que o preço das garrafas e dos galões de água mineral no comercio varejista. Em outubro-novembro de 2014, um galão de 10 litros de água mineral, em Campinas, passou de R$5,00 para R$10,00. Para os clientes antigos e leais, o preço do galão de 20 litros estava estável, mas para os novos clientes o aumento foi de 50%. O estoque de uma distribuidora de água mineral de um longínquo bairro da região Sudeste de Campinas acabou em 13 de outubro de 2014 e, após as 11:00 horas, não havia um galão sequer para alguns moradores ao redor levar para casa. Assim falou o dono do armazém: "Nunca vi nada assim. Nem mesmo em Pernambuco, de onde saí e as pessoas passavam por seca". (*g1.globo.com* – Campinas e região, 14/10/2014). Outra distribuidora de água mineral de Campinas, do bairro Nova Europa, vendeu todo o seu estoque de 700 galões, correspondentes a quinze toneladas de água, em apenas dois dias na terceira semana do mês de outubro.

Ana Amélia Rocha, moradora da Vila Guilherme, na capital paulista, passou a tirar R$60,00 a mais de seu orçamento mensal a partir de março de 2014 devido a necessidade de comprar galões de água para cozinhar para a sua família composta por quatro pessoas. Para amainar o aumento continuado e exagerado do preço da água mineral engarrafada ao consumidor final do Estado de São Paulo, em janeiro de 2015 o Governador Geraldo Alckmin baixou um decreto que diminuía a alíquota do Imposto sobre Circulação de Mercadorias e Serviços (ICMS) de 18% para 7% sobre o produto. Contudo, na última semana do mesmo mês o preço aumentara cerca de 1,4%.

As empresas de caminhões-pipa fornecedoras de água potável retirada de poços artesianos viram seus negócios aumentar nos verões de 2013-2014 e de 2014-2015. Após o dia 5 de outubro de 2014, dia das eleições para os governos estaduais, a empresa *SR Transportes de Água*, de São Paulo-Capital, teve um aumento de 300% em seus serviços de abastecimento domiciliar de água de poço artesiano. A *Flash Água*, também da capital paulista, passou a trabalhar com quinze caminhões-pipa por dia, quando antes eram três ou quatro. O mesmo ocorreu com as empresas perfuradoras e instaladoras de poços artesianos. Comparado com os primeiros três meses de 2013, em 2014 o DAEE aumentou em 83% o número de licenças de perfuração de poços artesianos no Estado de São Paulo. Se até a intensificação da crise hídrica de 2013-2015 a maioria dos clientes das empresas de perfuração de poços artesianos da região de Campinas eram as indústrias, desde então a demanda de condomínios residenciais verticais e horizontais aumentou notavelmente. Em São Paulo-Capital donos de empresas de caminhões-pipa viram a demanda de seus serviços aumentar durante a madrugada por parte de bares e restaurantes, prédios de apartamentos, hospitais e canteiros de obras. Houve motoristas que neste horário faziam, no mês de novembro-dezembro de 2014, cinco viagens de ida e volta todos os dias da semana com esses caminhões.

Na área rural da cidade de Itapeva, localizada no sul do Estado de Minas Gerais, local das nascentes dos rios acima citados, um poço de 25 metros que vinha abastecendo quatro famílias de plantadores de milho secou, causando a perda de suas safras. Estes lavradores só puderam continuar com suas plantações porque a prefeitura local passou a abastecê-los com carros-pipa, duas vezes por semana.

Em Atibaia, interior de São Paulo, o produtor de rosas, Francisco Saito, perdeu 20% de sua produção em fevereiro e março de 2014. A produção de crisântemos decaiu em Holambra a ponto de seus produtores recusarem pedidos de alguns compradores. Os produtores de verduras, milho e café da zona rural de Campinas e de Bragança Paulista contabilizavam, no mês de maio, quebra de até 60% em suas safras. O horticultor Marcelo Silva Cabral disse que uma de suas represas secou, fazendo-o perder 80 mil pés de alface de dezembro de 2013 a março de 2014. Em junho, Cabral suspendeu por vinte dias a plantação de vinte e oito mil mudas. A safra de milho do agricultor Marcelo Ming despencou 60% e o café da Fazenda Tozan 50%, além de ter os grãos colhidos encolhidos. O lavrador Carlos Andrade viu a produção de seus pés de limão Tahiti cair 30%, em janeiro de 2015, devido à estiagem.

As plantações de cana-de-açúcar da região de Piracicaba diminuíram aproximadamente 40%, acarretando no desemprego de cerca de 80% dos trabalhadores temporários. Claro que a produção de açúcar e de álcool diminuiu em face do encurtamento da lavoura canavieira, mas não foi exclusivamente por isso, pois também houve o encolhimento dos pés de 2,5 metros de altura para 80 centímetros em média. O decréscimo na moagem da cana em todo o Estado de São Paulo girava em torno de 11,50% até outubro de 2014.

Consoante às informações da Central de Abastecimento de Campinas (CEASA), de junho de 2013 a junho de 2014, o preço das hortaliças folhosas aumentou 42,25%, os legumes 34,29%. Embora não tivesse ocorrido falta destes produtos para o consumidor, a sua oferta havia caído 6% em março.

Até a produção de sementes genéticas no Instituto Agronômico de Campinas (IAC) caiu 70%, de setembro de 2013 a julho de 2014, obrigando-o a transferir as semeaduras de cana-de-açúcar, arroz, feijão e soja para os municípios do interior paulista que não sofriam com a crise de abastecimento de água.

Em outubro, a *Sabesp* e a Defesa Civil da Cidade de Piedade-SP lacraram trinta e duas bombas de irrigação de produtores agrícolas piedadenses que captam água bruta no principal manancial local, o Rio Pirapora. Na sequência, estabeleceu-se um acordo em que haveria revezamento para o abastecimento dos domicílios urbanos e dos produtores de morango, alcachofra, batata cebola, alface e etc.

O produtor de goiaba Renato Yoshida, de Valinhos-SP, teve uma queda de 78% na venda de caixas desta fruta rústica na primeira semana de novembro de 2014, o mesmo ocorrendo com Júlio César Carbonari, cultivador de alface em Santa Bárbara d'Oeste.

No começo de 2015, os danos da crise hídrica à agricultura não arrefeceram. Pequenos agricultores paulistas, cujas fazendas são banhadas pelos então ressequidos rios Atibaia, Jaguari e Camanducaia, precisaram buscar água em Extrema, Estado de Minas Gerais, se não quisessem que suas novas colheitas fossem completamente assoladas, como havia ocorrido com a safra de milho de 2014 de João Pereira da Silva.

Em janeiro de 2015, alguns pequenos lavradores da região de Campinas-SP ficaram mais de vinte dias sem produzirem hortaliças. Para não deixar de atender aos pedidos de seus compradores, passaram a comprá-las de outros lavradores de São Paulo ou de Minas Gerais para revendê-las.

Todavia, era uma tarefa fatigante encontrar produtores de hortaliças em Minas Gerais que haviam produzido excedentes por terem se salvado do forte calor e da severa estiagem que ainda perseveravam na última semana do primeiro mês de 2015. Na região do município de Divinópolis-MG, a pequena produtora de hortaliças, Rosângela Maria Rodrigues Tavares, havia perdido perto de 50% de sua produção. Dos cento e três roceiros de lavouras familiares de hortaliças, 20% ficaram impossibilitados de plantá-las, o que provocou a paralisação do programa da prefeitura municipal de doação de alimentos às escolas e às entidades locais de assistência social.

Nas fazendas de criação de gado bovino de corte e leiteiro do município de São Fidélis, no Estado do Rio de Janeiro, a produção leiteira caiu 80%, comparado com o mesmo período de setembro-outubro do ano passado.

Prejuízo monstruoso tiveram os criadores de gado bovino de leite e de corte em fazendas do Sudeste do Brasil por falta de pasto e água para alimentá-los e hidrata-los, levando muitos à morte.

Na cidade interiorana de São Fidélis, no Estado do Rio de Janeiro, os pequenos pecuaristas haviam perdido, até o início de novembro de 2014, 1.100 cabeças de gado, ocasionando-lhes um prejuízo em torno de R$10 milhões. Embora os habitantes da cidade de São Fidelis não tivessem experimentado o racionamento no abastecimento domiciliar de água tratada e canalizada porque estavam sendo abastecidos pelo Rio Paraíba do Sul, os pequenos fazendeiros criadores de gado leiteiro e de corte da região ficaram arruinados porque o Riacho São Benedito, que abastece os seus açudes, havia secado completamente, levando os seus gados à morte. A Prefeitura Municipal passou a abastecer de água potável as caixas d'água de suas residências, dando, quando muito, para satisfazer as necessidades básicas de suas famílias e agregados.

Os repórteres Alexa Salomão e Felipe Werneck foram até o município de Campos dos Goytacazes, onde averiguaram que 2.840 cabeças de gados haviam morrido e 520 mil toneladas de cana-de-açúcar perdidas. Na pequena cidade de São Benedito foram 1.025 os bois que caíram para não levantar mais. Num sítio de São João da Barra, cujo terreno era antes cortado pelas águas do Rio Paraíba do Sul, em outubro-novembro de 2014 não era mais porque o flúmen havia secado. Aí então, a sua moradora, Carla Verônica Tavares, ergueu um varal com galhos de árvore e arame bem no meio de seu leito seco para estender as roupas que ela havia milagrosamente conseguido lavar com água fornecida por caminhão-pipa (In jornal *O Estado de São Paulo*, 09/11/2014).

O setor de turismo das cidades dos circuitos das águas de São Paulo e de Minas Gerais estagnou.

Ao ficarem praticamente secas as cachoeiras e a grande Represa de Joanópolis, abastecidas pela água do Rio Jaguari, a população desta estância turística paulista viu desaparecerem não apenas os turistas que para lá iam pescar, andar de barco, nadar e praticar a canoagem, como também os paulistanos que para ali iam descansar em suas casas de veraneio. O mesmo acabou ocorrendo em Piracaia, cujas atividades econômicas urbana e rural estão atadas ao Rio Jacareí e à Represa Jaguari-Jacareí. Na Estância Climática de Caconde, na região Noroeste do Estado de São Paulo, o volume útil de água da principal represa da cidade, a da AES Tietê, chegava, em 20 de maio de 2014, a 16,60%, o menor em 48 anos. Em alguns pontos, cuja profundidade equivalia a 20 metros, acomodava-se à apenas dois metros. Alguns cacondenses que, de longa data, sobreviviam da pesca deixaram a profissão. O piscicultor Fernando de Sousa foi obrigado a alugar, por R$600,00 por mês, um aerador para oxigenar a água da lagoa onde ele vinha criando cerca de 400 mil peixes.

No Distrito de Sousas, em Campinas, onde se destaca a prática do remo no Rio Atibaia, em junho de 2014 o professor deste esporte, Antônio Carlos dos Santos, estava sem alunos, pois não se podia remar contra e, tampouco, a favor da maré.

Até uma agência do Banco do Brasil, no Bairro Castelo, em Campinas, teve que paralisar as suas atividades de atendimento ao público por falta de água no dia 17 de outubro de 2014.

Em Piracaia e em Joanópolis, onde há uma ampla orla da Represa Jaguari-Jacareí, do Sistema Cantareira, desde julho de 2014 os passeios de barcos, lanchas e de *jet skis* ficaram proibidos por motivos de segurança. Quando chegou o mês de outubro, o corretor de imóveis da região, Victorio Costa, contava cinco meses sem vender imóvel algum. Metade das seis pousadas de Joanópolis fechou. Com a escassez de turistas, o faturamento de uma pousada com marina à beira de outra borda da Represa Jaguari-Jacareí, em Bragança Paulista, degringolou 70% do verão de 2014 ao de 2015, obrigando o seu proprietário a demitir vinte e três empregados. Um camping da redondeza fechou depois que os seus poços semiartesianos haviam secado em fevereiro de 2015.

No município de Taiaçupeba, região de Mogi das Cruzes, habitantes antigos como Armando Melhado e sua esposa, Selma, que, até junho, alimentavam-se de peixes que costumavam pescar nas represas Taiaçupeba e Jundiaí, pertencentes ao Sistema do Alto Tietê, desde então passaram a comprar peixes no supermercado. Em Pirassununga, o pescador Durval Francisco, que vivia da venda de suas pescarias e como guia turístico com passeios de barco pelo Rio Moji Guaçu, ficou desocupado.

Em Alfenas, Minas Gerais, o Lago de Furnas, também conhecido como o "mar de Minas" ou a "caixa d'água do Brasil", geradora de 9% da energia elétrica do país, contava, em junho de 2014, com 29% de seu volume útil, bem aquém dos 71% constatados um ano antes. As pousadas instaladas ao seu redor, sempre repletas de turistas para a pesca amadora, ficaram praticamente vazias. Paula Barbosa, dona de um hotel na margem Sul do Lago de Furnas teve de dispensar 50% de seus funcionários e abaixar em 15% o valor da diária. O restaurante de Antônio Carlos da Costa, situado junto ao Lago de Furnas em Capitólio-MG, teve uma queda de 70% no seu movimento em setembro-outubro. A Associação dos Municípios do Lago de Furnas (*Alago*) calculava que o prejuízo que a estiagem já havia provocado nestes municípios de outubro de 2013 até junho de 2014 era de pouco mais ou pouco menos de R$30 milhões.

Na Estância Turística de São Pedro-SP, a queda nos passeios ecológicos pelas numerosas quedas de água do município diminuiu em cerca de 20% de 2013 a 2014. A razão deste declínio? A secura completa de muitas dessas cachoeiras. A manchete do site da *Notibras*, de 14 de julho de 2014, foi: "Sistema Cantareira seca mais e cachoeira vira caminho de formiga".

Até mesmo numa bem aparelhada cidade do circuito paulista das águas, como Águas de Lindóia, muito bem estruturada em equipamentos turísticos e com centenas de fontes de água mineral e corpos de água superficiais límpidos, também houve não apenas o racionamento no esquema de rodízio em outubro de 2014, mas também a decretação de Estado de Emergência, afetando os moradores lindoienses com cortes diários no abastecimento das 18:00 horas até as 00:00 hora. A ocupação dos hotéis locais não foi tão afetada porque a grande maioria possui poços artesianos próprios. Mesmo assim, a palavra de ordem era economizar. Muitos passeios e atividades aquáticas foram suspensas, como, por exemplo, o passeio de barcos e de pedalinhos no famoso Lago do Cavalinho Branco, praticamente seco em outubro. O citado lago, que além de servir para atividades de lazer, é utilizado para o abastecimento de cerca de 50% da cidade.

Na cidade de Avaré, o nível da famosa represa local, Jurumirim, importante polo de ecoturismo no interior do Estado de São Paulo, expunha, em julho, troncos de árvores e bancos de areia em alguns trechos de seu leito porque contava com apenas 38% de seu volume armazenado. Quatro meses depois, o seu nível descia para 15,5% e, logo em seguida, para 14,3%, o mais baixo de toda a sua história. Segundo o gerente de um hotel pegado à represa, Henrique Conrado, quando atendia as chamadas telefônicas de potenciais hóspedes nos meses de julho a outubro, a primeira pergunta que lhe faziam era se ainda havia água na barragem. Os criadores locais de Tilápia precisaram reduzir o número de viveiros e um restaurante à beira da represa teve uma queda de 60% em seu movimento em relação a 2013.

Saindo um pouco desta seara dos negócios da área do turismo, mas tratando ainda da criação de peixes em cativeiro para fins comerciais, em Campinas, na Chácara Residencial San Martim, do bairro Parque Jambeiro, o criador de carpas e tilápias, Nelson Barthelson, perdeu perto de 300 quilos destes peixes na segunda quinzena de janeiro de 2015 pelo fato de que o Córrego da Cachoeira, que abastece o seu tanque de criação, ter sido poluído por despejo clandestino de esgoto.

No município paulista de Americana, desde o início de julho de 2014 os passeios e banhos na Praia dos Namorados, da Represa de Salto Grande, foram interditados. Até a Associação Barco Escola da Natureza suspendeu suas atividades de educação ambiental e preservação do meio ambiente navegando nas águas da dita represa, por sinal abastecida pelo Rio Atibaia.

Já em Paraibuna, no Vale do Paraíba paulista, o pesqueiro do senhor Benedito Marcos Farias Soares, perdeu 40% de seus clientes por conta da queda de mais de vinte metros do nível da Represa Paraibuna. Na segunda quinzena de janeiro de 2015, o nível desta zerava pela primeira vez em toda a sua história.

A cidade de Piracicaba, habituada a receber inúmeros turistas durante todo o ano no Museu da Água, no Engenho Central e na Rua do Porto, situados às margens do Rio Piracicaba, reclamavam da água escura e do forte cheiro de esgoto em julho e agosto de 2014 em decorrência de sua baixa vazão. Transeuntes que passeavam nas margens do rio, viam cenas angustiantes: uns aglomerados de peixes mortos boiando na água rasa e escura, outros agonizando na beirada por falta de oxigênio ou, então, ossadas de mandis, lambaris, dourados e cascudos sobre pedras e bancos de areia. Bares e restaurantes cujas cozinhas são especializadas em peixes de água doce nativos ficaram fechados por um tempo. Com base numa pesquisa conduzida, de dezembro de 2013 a agosto de 2014, pelo professor Plínio de Barbosa Camargo, da Escola Superior de Agricultura Luiz de Queiróz (Esalq) de Piracicaba, constatou-se que muitos peixes nativos estavam morrendo não apenas por efeito da longa estiagem e das consequentes baixas vazão e oxigenação do Rio Piracicaba, mas também pela alta quantidade de poluentes, gerada principalmente pelo esgoto *in natura*, ali despejado clandestinamente há décadas por domicílios residenciais, comerciais e industriais. Como, além do descarte clandestino do esgoto *in natura* no Rio Piracicaba, 46-48% do mesmo tipo de esgoto despejado em toda a bacia do Piracicaba pelas cidades a ela entrelaçadas não eram, então, tratados, o rio apresentava em agosto de 2014, um Índice de Condutividade Elétrica de 950 COND, 530% acima do aceitável, que é de 100 a 200 COND, incidindo nos índices de pH, que então foi de 7,63 – quando o ideal é de 7,0 – e no de oxigênio, que indicava naquele momento 2,90 mg/l, quase 50% acima do normal.

Muito provavelmente, outro fator que tornou a água do Rio Piracicaba escura e malcheirosa era a poluição em um de seus afluentes, o Ribeirão Quilombo, que, na mesma época, também estava raso e amarronzado por obra do esgoto doméstico e de resíduos de tinturarias que eram ali despejados.

Até a fauna do Rio Atibaia, na altura dos distritos campineiros de Joaquim Egídio e de Sousas foi vítima da poluição por esgoto *in natura* ali despejado clandestinamente. O fotógrafo do jornal *Todo Dia* colheu imagens de peixes alimentando-se de fezes ali, na superfície do rio, em meio a seca de setembro de 2014. O fotógrafo residente em Campinas, Edivaldo Silva Alves, assíduo frequentador do Rio Atibaia na altura do bairro rural Carlos Gomes, salvou numa tarde do dia 28 de outubro de 2014, vários peixes retidos em pequenas poças que ainda existiam entre as pedras do rio raso, levando-os para a piscina de sua chácara. O engenheiro civil, Carlos Eduardo Resende Ferreira, relembrou que trinta anos atrás costumava ir pescar piau e piapara e lambari com o pai e o avô num barranco de um Rio Atibaia cheio e com forte correnteza.

Na colônia de pescadores do Rio Tietê, na cidade de Anhembi, entre Piracicaba e Botucatu, muitos dos barcos utilizados tanto para o passeio de turistas quanto para a pescaria deixaram de ser utilizados entre julho e outubro.

A fonte de água mineral Bom Jesus da Estância Hidromineral de Monte Alegre do Sul, no Estado de São Paulo, chegou a uma rasura tal em meados de outubro que a prefeitura municipal precisou fechar o balneário local, mantendo-o interditado até 6 de janeiro de 2015.

De acordo com o Instituto Agronômico de Campinas (IAC), o atípico clima seco e quente que prevalecia no Estado de São Paulo desde outubro de 2013 era o pior até então registrado durante os 125 anos de sua história.

Este recorde não teria sido economicamente tão significativo se não afetasse um segmento vital para o setor primário da economia do Estado de São Paulo escoar a sua produção, o do transporte hidroviário, o qual utiliza o Rio Tietê, um dos mais vultosos corpos de água estadual. É neste rio que funciona a Hidrovia Tietê-Paraná, por onde, em 2013, haviam sido escoados 6.1 milhões de toneladas de grãos, mas que, desde o endurecimento da crise hídrica, em fevereiro de 2014, as barcaças ficaram impossibilitadas de escoar parte da produção de grãos, de açúcar de cana e de celulose de São Paulo, Mato Grosso do Sul e de Goiás, sofrendo uma redução de 86% de cargas transportadas até 30 de abril de 2014. Até esta data, a empresa goiana *Caramuru Alimentos* havia projetado escoar 300 mil toneladas de grãos de São Simão, Estado de Goiás, desembarcando-os no porto fluvial de Pederneiras-SP, mas só conseguiu efetuar 130 mil toneladas. De janeiro a junho de 2014, o volume de carga que passou pela hidrovia declinou de 2,33 para 2,29 milhões de toneladas. O cálculo do prejuízo das empresas que utilizam a hidrovia girava em torno de R$100 milhões, até abril de 2014, e cerca de R$200 milhões até agosto. A crise hídrica de 2013-2015 sustentou o histórico descrédito existente no Brasil no tocante ao transporte hidroviário. Contudo, segundo o Superintendente da Hidrovia Tietê-Paraná, Antônio Badih Chechin, se fossem investidos nela cerca de R$2,4 bilhões em cinco anos, ela poderia transportar cerca de 50 milhões de toneladas de mercadorias dos setores agropecuários. Chechin chamava a atenção para o fato de que na Europa, os primeiros países que conseguiram sair da crise econômica pós-2008 foram aqueles que investiram mais em hidrovia.

Nem sequer a área da construção civil escapou das restrições impostas por esta crise hídrica. Em Itu, por exemplo, desde agosto de 2014 a Prefeitura Municipal suspendeu, por 120 dias, as licenças para a construção de empreendimentos habitacionais e os que já os haviam iniciado não receberiam o visto para as ocupações dos imóveis residenciais. Holambra também adotou esta política restritiva de obras na área habitacional, proibindo a construção de três loteamentos residenciais na cidade.

Concluindo este tópico, a alteração climática adversa e profunda que levou à marcante crise hídrica no Sudeste do Brasil de 2013 a 2015 afetou igualmente o desempenho das empresas geradoras e distribuidoras de energia hidroelétrica, cujos faturamentos ficaram desfalcados em 30%.

**Consequências da longa e intensa estiagem de 2013-2015 para a saúde pública do Estado de São Paulo**

A longa e intensa estiagem de 2013 a 2015 no Estado de São Paulo, acompanhada de um excessivo e extemporâneo clima quente, aumentou extraordinariamente a incidência de insolação e desidratação, bem como de doenças respiratórias e infecciosas como a gripe, a dengue e a Chikungunya na sua população. Os fatos listados abaixo mostram a dimensão que ganharam estas moléstias no período em pauta.

- Em uma matéria escrita por Maria Martín no jornal espanhol *El País*, em 8 de setembro de 2015, constatou-se que a média de amostras "insatisfatórias" da água tratada e canalizada fornecida à população da cidade de São Paulo, passou de 3,49% em 2013, para 12,32% em maio de 2015.
- Aumento nos casos de diarreia e intoxicação alimentar não devido à piora da qualidade da água bruta aduzida às estações de tratamento para posterior abastecimento das populações urbanas, mas devido à decisão de parte das populações urbanas que sofriam com a escassez de água tratada e canalizada em buscar água em fontes alternativas, muitas delas em nascentes urbanas degradadas, em corpos superficiais poluídos e com águas paradas e isalubres em córregos urbanos aterrados e canalizados, sem falar nas bicas urbanas ou rurais, cujas águas são impróprias para o consumo humano. No Estado de São Paulo, no mês de março de 2014, os casos de diarreia atingiram perto de 35 mil indivíduos, superando a média de 15 a 20 mil casos registrada entre 2008 e 2013, de acordo

com o Centro de Vigilância Epidemiológica (CVE), órgão da Secretaria Estadual de Saúde.

- Aumento nos casos de Dengue e de Febre Chikungunya em virtude da longa e intensa estiagem de 2013-2015 que, intercalada com algumas poucas chuvas, não permitia que se formassem correntezas nos cursos de água dentro ou próximos dos espaços urbanos, transformando-os em poças de água com acúmulo de entulhos e de lixo orgânico por efeito do não tratamento e da não cobertura de piscinas de domicílios residenciais, em uso ou abandonadas, ou então de diversos reservatórios e recipientes de água destapados e deixados a céu aberto, multiplicando assim os criadouros do mosquito transmissor, o *Aedes aegypti*.

Em números absolutos, os casos de Dengue registrados em Campinas até o final de 2014 foi de 42.664, o maior de sua história, resultando na morte de dez pessoas. Só não houve em Campinas mais casos da Dengue e mortes dela decorrente porque a Prefeitura Municipal aumentou as vistorias nas residências de bairros com maior incidência para a eliminação de focos e porque o enfrentamento clínico nos seus postos de saúde, hospitais particulares e públicos, municipais e estaduais, foi exitoso. Conforme matéria de Gustavo Abdel no jornal *Correio Popular* de 1 de novembro de 2014, no Distrito de Barão Geraldo, em Campinas, o aumento de pernilongos em outubro foi tamanho que quando as pessoas andavam pelas ruas da localidade, elas esbarravam com nuvens destes mosquitos. Um morador local ficou com o teto de seu carro forrado de pernilongos por tê-lo deixado em sua garagem com a(s) janela(s) aberta(s). Não foi a toa que Abdel assim intitulou a sua matéria jornalística: "Seca causa invasão de pernilongos".

Em janeiro de 2015, a capital paulista registrava três vezes mais casos de Dengue ante o mesmo período de 2014.

- Queda considerável nos níveis de umidade relativa do ar e o aumento do calor na Primavera de 2014, continuando a provocar na população a desidratação, insolação, doenças respiratórias, oculares e de pele. Com a falta de chuvas, estas enfermidades eram agravadas com a alta condensação de poeira e a dispersão das fumaças de queimadas nas matas e nos terrenos baldios urbanos, além dos resíduos expelidos pelo número cada vez maior de veículos com motores de combustão.

Em Campinas, de maio a setembro de 2014 houve 358 focos de incêndio, muito acima dos 100 constatados em 2013.

Quanto à procura de tratamento médico para problemas respiratórios, oculares e de desidratação, só no dia 15 de outubro de 2014 o movimento nas unidades básicas de saúde do município foi de 20% acima do normal enquanto que no Pronto Socorro Infantil do Hospital Municipal Dr. Mário Gatti o aumento foi de 50%.

## MUDANÇAS NA MENTALIDADE E NAS ATITUDES DOS DIRIGENTES POLÍTICOS, DAS EMPRESAS DE SANEAMENTO BÁSICO, DOS EMPRESÁRIOS E DO CIDADÃO COMUM DO ESTADO DE SÃO PAULO

O predomínio de um extemporâneo clima seco e quente no Estado de São Paulo de 2013 a 2015, e a grave crise hídrica dele decorrente, tem nos despertado a consciência de que a água, não é apenas o elemento *primus inter pares* dentre todos os que conformam qualquer universo físico no qual existem seres humanos e os demais seres vivos, mas é uma matéria de natureza essencialmente política. A sua escassez é uma ameaça não apenas ao campo ambiental, mas também à todas as esferas das sociedades humanas, menos ou mais desenvolvidas, abrangendo o seu universo micro social, as ações e relações humanas, das mais elementares às mais complexas, com reflexos nas suas superestruturas econômica e política. A consciência da magnitude desta ameaça nos leva à compreensão de que não há ordem política alguma sem que haja políticas públicas efetivas para a boa gestão dos recursos hídricos e a proteção do ambiente circundante em níveis tanto municipal e regional quanto nacional.

Este é o motivo de ter havido nos últimos três anos maior adesão de diversos segmentos da sociedade brasileira ao uso consciente da água bruta e/ou tratada e canalizada, valorizando o seu uso racional, evitando assim o desperdício e o mau uso através de várias ações concretas, a saber:

a) Tomada de consciência e de ações concretas da população do Estado de São Paulo para evitar o desperdício de água tratada e canalizada em seus domicílios residenciais e comerciais. Um exemplo desta nova postura foi dado por 76% dos habitantes da Grande São Paulo, com 53% economizando mais de 20% no seu consumo.

b) Conscientização da população urbana de baixo poder aquisitivo da necessidade de instalar caixas d'água nos seus domicílios residenciais e comerciais, especialmente as caixas de médio e grande porte, para não ficar à mercê unicamente da água proveniente da rua.

c) Maior atenção à construção de sistemas de coleta e reserva de água de chuva em residências e em estabelecimentos comerciais e industriais. Na área rural do município de Holambra, o produtor de flores, Franciscus van de Waijer, deixou de utilizar água captada de açudes adjacentes ao construir, em janeiro de 2015, dois tanques forrados com material de polietileno, adequados para armazenar, cada um, 47 milhões de litros de água de chuva e de reuso. A água pluvial destes tanques é então bombeada até as estufas a fim de regar as flores, aproveitando-se, inclusive, as sobras (em torno de 30%) que caem num piso impermeável e retornam aos tanques com a impressão de sulcos.

d) Combate ao desperdício de água em domicílios residências, comerciais e industriais, em entidades públicas e em empresas privadas de prestação de serviços, com a instalação de torneiras com temporizadores e controladores de fluxo, de arejadores, de válvulas que gastam menos água nas descargas de vasos sanitários, de aparelhos de telemetria, de miniestações de tratamento de efluentes para o aproveitamento de água de reuso.

Há vários exemplos disso, como as da fábrica da Deca, em Jundiaí, e as da Bosch, da Hyundai e da Honda, na Região Metropolitana de Campinas, que implementaram mecanismos de tratamento de seus efluentes industriais, os quais lhes permitiu reaproveitar a água dele derivada em todas as suas etapas de manufatura, bem como nos lavatórios, nos vasos sanitários e na limpeza dos pisos de seus edifícios. Na empresa Eaton de Valinhos a agua foi substituída pelo ar para o sistema de esfriamento do ar-condicionado. O restaurante Giovannetti do Cambuí que antes da crise hídrica fazia a lavagem das pedras de sua fachada uma vez por semana, passou a realizá-la uma vez por mês. O Colégio Rio Branco de Campinas conseguiu a façanha de armazenar, por dia, 250 litros de água retirados de treze aparelhos de ar-condicionado, reutilizando esta água na limpeza dos pátios. Um exemplo magnânimo de combate ao desperdício de água foi dado por uma academia da cidade de São Paulo que, precisando consertar rachaduras de sua piscina semiolímpica, ao invés de mandar para o ralo os seus 480 mil litros de água, anunciou nas redes sociais da internet que pretendia doá-los. Hospitais públicos e privados das regiões metropolitanas de São Paulo e de Campinas adotaram diversas estratégias para garantir maior autonomia na provisão de água e até para economizá-la. Muitos investiram no aumento de sua capacidade de armazenamento de água potável, instalando cisternas ou mais caixas d'água, iniciaram ou aumentaram a captação de água de poços artesianos em seus terrenos ou de chuvas com armazenamento em cisternas. Aqueles que não dispunham destes recursos, trataram de adquirir água potável de caminhões-pipa da prefeitura municipal ou de empesas privadas. Também terceirizaram serviços de lavanderia, estabeleceram maior controle de vazamentos e de desperdícios com seus funcionários da manutenção. Os mais bem guarnecidos instalaram miniestações de tratamento de águas servidas de lavatórios, capazes de produzir água de reuso para reutilizá-la nas descargas dos vasos sanitários e nos sistemas de ar-condicionado.

e) Combate efetivo à degradação do meio ambiente com a população, as autoridades jurídicas e com os dirigentes políticos e empresariais, implementando e participando mais de programas de proteção e conservação ambiental, promovidos inclusive por prefeituras municipais, ONGs, empresas privadas, movimentos em prol da preservação do meio ambiente e por institutos estaduais e federais de pesquisa e fiscalização.

Em Campinas, o prefeito Jonas Donizete instituiu um plano de incentivo à preservação das quase 2.500 nascentes subterrâneas de água então existentes na zona rural da Área de Proteção Ambiental de Campinas (APA), a qual abrange os distritos de Sousas, Joaquim Egídio e parte do bairro rural Carlos Gomes. Ao sancionar, em julho de 2016, a lei que permitiria à Prefeitura Municipal de Campinas fornecer, a partir de janeiro de 2016, um aporte de até 250 Unidades Fiscais de Campinas (UFIC), cerca de R$698,00, denominado Pagamento por Serviços Ambientais (PSA), a Prefeitura de Campinas, através do Fundo Municipal de Meio Ambiente, exortava os proprietários de terras locais a preservarem as fontes de recursos hídricos, protegendo e até recuperando as 12.134 hectares de matas ciliares locais, situadas no entorno do Rio Atibaia, das nascentes, riachos e lagoas rurais da região. Esta medida era então pertinente dado que a Empresa Brasileira de Pesquisa Agropecuária (Embrapa) revelava que em terras dos distritos campineiros de Sousas e de Joaquim Egídio haviam sido degradados 5.172 hectares de vegetação ciliar que circundam nascentes e cursos d'água, com o efeito de prejudicar as suas vazões. Com uma correta perspectiva histórica, a jornalista Maria Teresa Costa escreveu no jornal *Correio Popular*, de 9 de novembro de 2014, que a APA-Campinas, depois de ter passado pelos ciclos econômicos da cana-de-açúcar, do café e do eucalipto, quiçá entraria em um novo ciclo econômico: "o ciclo da produção da água".

Em 30 de setembro de 2015, a juíza da 2ª Vara da Fazenda Pública de Ribeirão Preto, Lucilene Canella Mello, embargou obras de expansão imobiliária numa área de 65 km$^2$ de recarga do Aquífero Guarani. Vinte e dias mais tarde, a Prefeitura Municipal de Campinas praticou uma ação semelhante num terreno de 1,2 km$^2$ do distrito de Barão Geraldo, inserido numa Área de Proteção Permanente do Rio Atibaia.

Em 11 de novembro, o governador Geraldo Alckmin lançou, em Holambra, um programa piloto de recuperação de 16 *ha* de vegetação nativa, com o plantio de 83 mil mudas, em cento e uma propriedades rurais de Holambra, onde estão localizadas áreas de recarga de água e cento e setenta nascentes. O programa fez parte de um convênio entre o Governo do Estado de São Paulo, a Fundação Banco do Brasil, a Agência Nacional de Águas e a Fundação Agência das Bacias Hidrográficas dos Rios Piracicaba, Capivari e Jundiaí.

f)  Surgimento de uma nova concepção na área da construção civil com a elaboração de projetos dos chamados "prédios verdes" que, por empregar recursos para o uso sustentável da água e da energia elétrica, economizando cerca de 30% na conta do consumo destes insumos, recebem o *Selo Leed C&S Platinum da United States Green Building Council*, a mais elevada certificação internacional da área. (*O Estado de S. Paulo*, 07/06/2014).

g)  Maior investimento das empresas municipais de saneamento básico em coleta, afastamento e, principalmente, em tratamento avançado de esgoto para enfrentar eficazmente a escassez de água em longos períodos de alta temperatura, acompanhados de severas estiagens extemporâneas.

Um bom exemplo é o das cidades de Campo Limpo Paulista, Várzea Paulista, Jundiaí, Itupeva, Indaiatuba e Salto que, ao terem feito relevantes investimentos em captação e tratamento de esgoto, propiciaram a redução dos níveis de poluição do Rio Jundiaí, antes considerado um "rio morto" por ser inapropriado para o abastecimento destinado ao consumo humano, permitindo que as cidades de Indaiatuba e de Itupeva o utilizassem para abastecer sua população no auge da crise hídrica de 2014 no Estado de São Paulo.

O próprio Governo do Estado de São Paulo, ciente de ser ele a dar o exemplo a todos os municípios paulistas, tratou de liberar, em abril de 2015, R$21,6 milhões para que as cidades de Amparo, Capivari, Corumbataí, Jaguariúna, Nova Odessa e São Pedro investissem principalmente no saneamento.

Outro grande exemplo foi dado pela SANASA, em Campinas, que não apenas ampliou seus investimentos em Estações de Tratamento de Esgoto (ETAs), mas também tem investido em estações de produção de Água de reuso (EPAR), o que tem possibilitado ir além do tratamento das águas residuais para alcançar a sua purificação de tal forma que poderá, um dia, vir a ser destinada até para o consumo humano. Cria-se, assim, um círculo virtuoso que diminui consideravelmente a perda de água, pois a água de reuso retorna aos corpos receptores sem poluí-los, deixando-os, portanto, aptos a ser novamente aproveitados para o tratamento e abastecimento tanto industrial quanto domiciliar. A primeira destas estações, a Estação de Produção de Água de Reuso (EPAR-Capivari II), tem facultado à SANASA produzir 4,5 milhões de litros de água de reuso por dia para fornecê-la para a sua utilização na regadura de jardins públicos e privados, lavagem de ruas e praças, no combate a incêndios pelo Corpo de Bombeiros, na limpeza de áreas externas comuns de condomínios residenciais, verticais e horizontais, e de estabelecimentos comerciais e industriais. Estes últimos também poderão usá-la nos seus sistemas de descargas de águas servidas e de resíduos, bem como na movimentação e refrigeração de alguns de seus equipamentos e maquinários. Com a construção da EPAR-Capivari II, cujos avançados equipamentos MBR (*Bioreator a Membranas – Membrane Bioreactor*, em Inglês) favorecem o tratamento terciário de esgoto, garantindo 99% de grau de pureza deste tipo de água provida pela SANASA, as atividades produtivas das indústrias da região de Campinas foram mantidas em níveis no mínimo satisfatórios durante o auge do período da escassez hídrica, priorizando o fornecimento de água tratada e canalizada para o consumo humano nos domicílios residenciais e comerciais. Em agosto de 2014, a SANASA fechou um contrato com a BRES Viracopos Empreendimentos Imobiliários para a venda de 100 mil litros de água de reuso por dia para serem utilizados na descarga de banheiros, no escoamento de resíduos e agentes orgânicos das cozinhas das lanchonetes da praça de alimentação, na irrigação de jardins e na lavagem de pisos internos e externos.

Surgia assim, segundo o presidente da empresa campineira de águas e esgotos, Dr. Arly de Lara Romêo, uma "nova concepção de reservação e de produção de água" (*sic*). Lara Romêo ressaltou, inclusive, que a crise deixava uma importante lição que é a de "utilizarmos os recursos hídricos sob uma perspectiva de conservação e de reaproveitamento, não simplesmente de extração". Esta é a razão de, segundo ele, a SANASA ter feito "investimentos em tecnologias de reuso de água nos últimos três anos" por intermédio do incremento da produtividade de sua Estação de Produção de Água de Reuso Capivari II (EPAR-Capivari II) e de alocação de recursos para a construção de mais uma Estação de Tratamento de Esgoto, a ETE-Boa Vista, à qual viria a ser acoplada uma Estação de Produção de Água de Reuso (EPAR-Boa Vista), capaz de tratar 180 *l/s* de esgoto.

h) Com o investimento da SANASA em sua Estação de Produção de Água de Reuso Capivari II (EPAR-Capivari II), mais incentivos foram proporcionados às indústrias para aumentarem o reuso da água bruta que obtém dos seus próprios reservatórios e poços artesianos ou das empresas municipais de abastecimento de água tratada e canalizada. Naquela altura, as indústrias da Região Metropolitana de São Paulo consumiam 40% da água existente nos mananciais superficiais do Estado paulista, mas faziam uso de apenas 5% de água de reuso. No entanto, desde o início de 2015 tem havido maior procura de empresas paulistas por água de reuso, comprando-as das empresas de saneamento básico que já estivessem ofertando-a. Estas empresas tencionam não apenas economizar água potável para privilegiar o seu provimento ao consumo humano, mas também para reduzirem os seus custos operacionais, uma vez que a agua de reuso passou a ficar, desde maio de 2014, 386% mais barata do que a água potável canalizada e 631% do que a água potável de caminhões-pipa.

i) Tanto as empresas municipais de saneamento quanto as empresas privadas de diversos setores de diversos setores e segmentos econômicos, bem como os proprietários de imóveis residenciais e comerciais, passaram a dar mais atenção à manutenção das tubulações das redes e ligações de abastecimento de água e de coleta de esgoto, dos encanamentos, válvulas e demais equipamentos de sistemas hidráulicos, contribuindo assim com o manejo sustentável dos recursos hídricos para o bom aproveitamento da água urbana tratada e canalizada.

j) Em meio a este novo comportamento da sociedade quanto ao uso da água tratada e canalizada, houve maior investimento das indústrias de materiais hidráulicos para a fabricação de "produtos sustentáveis", como, por exemplo, torneiras, chuveiros e sistemas de descarga que economizam o consumo de água. Em meados de 2014, a expectativa deste ramo industrial nacional era de aumentar as vendas destes artefatos hidráulicos sustentáveis em torno de 5% nos dois anos subsequentes.

k) O despertar da consciência do mpoder público e da população em geral para evitar a crescente deterioração crescente deterioração dos corpos de água superficiais e suas nascentes rurais e urbanas, não soterrando-as nem poluindo-as, preservando assim as matas ciliares e as florestas nativas. Destarte, ampliaram-se os projetos de recuperação de matas ciliares da parte dos governos estaduais e municipais, integrando até mesmo empresas privadas.

l) Conscientização de que é preciso haver uma política metropolitana de saneamento na região de Campinas.

Em suma, no ano de 2014, quando a longa e intensa estiagem iniciada no ano anterior recrudesceu incessantemente, diminuindo de modo excepcional a vazão dos rios da Bacia do PCJ, as empresas de saneamento básico da região de Campinas tiveram que se submeter à um controle maior do uso das águas dos rios da Região Metropolitana de Campinas para a irrigação do solo das lavouras de hortifrutigranjeiros por meio do sistema de aspersão convencional e incentivo ao sistema de irrigação por gotejamento. Segundo matéria de Maria Teresa Costa no jornal *Correio Popular*, de 20 de fevereiro de 2014, para fazerem funcionar os seus aparatos de irrigação por aspersão convencional, propriedades rurais de Campinas e região, banhadas pelo Rio Atibaia, retiravam deste manancial $1,05m^3/s$, o que equivalia a 16% da de toda a água ali captada. Só a área irrigada de Campinas, correspondente a 1,9 mil hectares, demandava $0,55m^3/s$ do Rio Atibaia em 2008.

Complementando esta ação, as referidas empresas municipais tiveram que intensificar os trabalhos de desassoreamento e de limpeza dos rios, riachos e lagoas locais com a retirada de entulhos e detritos que ficaram à mostra devido aos seus níveis baixos e apoio à Defesa Civil, às ONGs e ao voluntariado ambiental para a realização de eventos destinados a conscientizar a população a dar maior atenção à preservação dos recursos hídricos.

No caso específico da cidade de Campinas, a SANASA deparou-se setenta e sete vezes com a injunção do racionamento geral diante uma diminuição excepcional da vazão do Rio Atibaia, conseguindo, porém, desbanca-lo com o expertise de suas equipes técnicas. Em 5 de fevereiro de 2015, a SANASA viu-se frente a necessidade de aumentar o volume do sistema de reservação de água tratada da cidade através da construção de cerca de 10 reservatórios urbanos elevados e semienterrados de água tratada, esperando ampliar em 65% a sua reservação no meio urbano de Campinas. Neste referido ano, Campinas dispunha de uma capacidade de armazenar 123,6 milhões de litros de água tratada nos seus atuais sessenta e sete reservatórios elevados, semienterrados e enterrados situados em diferentes áreas urbanas do município, o que lhe dava uma "margem de segurança", noutros termos, o que lhe permitia abastecer a cidade de água tratada por seis horas caso houvesse mais quedas drásticas na vazão do Rio Atibaia a ponto de inviabilizar a captação.

Além do efeito positivo para a saúde pública destes investimentos em esgotamento sanitário nas cidades da região de Campinas naquela conjuntura de crise hídrica pela qual passava todo o Sudeste do Brasil, os mesmos eram muito relevantes para o meio ambiente, pois investir em saneamento propiciaria a preservação dos mananciais e, consequentemente, maior disponibilização de água adequada aos sistemas de abastecimento público das cidades. Citando o Presidente da Associação Brasileira dos Profissionais de Sustentabilidade (*Abraps*), Alexandre Luiz de Miranda MacDowell: "Quando há impactos no meio ambiente, há também na vida humana. É uma reação em cadeia".

Dentro deste mesmo escopo, as empresas de abastecimento de água tratada e canalizada da região de Campinas tiveram que aumentar a contenção de perdas físicas de água nas suas redes de captação, reservação e distribuição, bem como foram impelidas a iniciar ou ampliar o investimento em instalações voltadas ao tratamento do esgoto sanitário, não apenas na construção daquelas mais básicas Estações de Tratamento de Esgoto (ETEs), mas naquelas integradas às Estações de Produção de Água de Reuso (EPARs), contribuindo assim com a despoluição dos afluentes do Rio Piracicaba.

www.ingramcontent.com/pod-product-compliance
Lightning Source LLC
Chambersburg PA
CBHW050919260726
48660CB00001B/281